Friedberger Jubiläums-Klassenbuch

Friedberger Jubiläums-Klassenbuch

1959 – 2019
60 Jahre Abitur
27 Biografien
15 Klassentreffen

Herausgegeben von Helmut G. Schütz
Redaktion: Ernst Köstler und Helmut G. Schütz

Friedberg/Hessen 2020

Impressum

© 2020
© Satz, Layout und Cover: hgskunst
© Texte und Abbildungen: alle Autoren
Herstellung und Verlag: BoD – Books on Demand, Norderstedt
ISBN: 9783750487918

Inhalt

Vorwort

Nachdem unser ganz internes *Klassenbuch* 2015 in erster und 2017 in zweiter Auflage erschienen war, hatte ich versichert, dass es keine weitere uns selbst bespiegelnde Publikation mehr geben werde. Doch als wir gegen Ende der sehr schönen Jubiläumsfeier, die das Burggymnasium uns bereitet hatte, bei Kaffee und Kuchen beieinandersaßen, wurden unterschiedliche Kommentare abgegeben. Einerseits äußerte man Genugtuung und Dankbarkeit über die von Herrn Edinger geplante und in jeder Hinsicht sehr gelungene Jubiläumsfeier, andererseits wurde bedauert, dass keine Schüler hatten teilnehmen können, dass ein Teil des Kollegiums durch anderweitige Verpflichtungen von der Teilnahme abgehalten worden war und dass auch von uns einige verhindert gewesen waren. So lag der Gedanke nicht fern, die Veranstaltung für alle Interessierten zu dokumentieren.

Da sinnierte jemand: *Das ist ein wichtiger Tag, denn ein 70jähriges wird es mit Sicherheit nicht geben.* Und ein ganz Mutiger hielt dagegen: *Wenn ich noch lebe, komme ich – notfalls alleine.* Es war nicht zu überhören: Wir Ruheständler begannen, uns ein wenig wichtiger zu nehmen als bisher. Wir wollten dem Vergessen und dem Vergessen-Werden widerstehen. Deshalb schlug ich vor, eine Festschrift zu machen, in der alle von uns vorkommen, und auch an unsere 15 Klassentreffen sollte noch einmal erinnert werden.

Wenn heutzutage allzu vieles abgeräumt, als gestrig abgetan und verdrängt wird, dann wollen wir nicht als eitel gewordene Dinosaurier nur für uns, sondern vor allem für die Schule, für unsere alte Penne in Friedberg, und auch für unsere Kinder und Enkel ein Minimum an historischem Bewusstsein manifestieren. In diesem Sinne wünsche ich unserem *Jubiläums-Klassenbuch* viele interessierte Leserinnen und Leser.

Helmut G. Schütz

Die Jubiläumsfeier

Zur Feier des 60-jährigen Abiturs

Liebe Schüler des Abiturjahrgangs 1959, liebe Ehefrauen bzw. Partnerinnen, es kommt nicht oft vor, dass wir in den Gemäuern des Burggymnasiums ehemalige Schüler des Aufbaugymnasiums begrüßen können, die sage und schreibe 60 Jahre bestandene Abiturprüfung gemeinsam feiern. Es freut mich daher sehr, dass Sie sich der Schule immer noch verbunden fühlen und heute so zahlreich erschienen sind. Wie mir berichtet wurde, stehen Sie in regem Kontakt miteinander und treffen sich regelmäßig.

Als aktuellem Schulleiter des Burggymnasiums kommt mir nun die Ehre zu, Sie am heutigen Tag begleiten zu dürfen. Seit den Zeiten Ihrer jeweiligen Schulleiter Herrn Dr. Nicolai bzw. Herrn Dr. Wolf, die das Aufbaugymnasium in den Jahren 1949 – 1955 bzw. 1956 – 1967 geleitet haben, hat sich im Bereich Schule und Bildung vieles verändert.

Unser Grundsatz von einer *modernen Schule in historischen Mauern* hat in den letzten Jahren immer mehr seine Berechtigung gewonnen. *Modern* meint in diesem Zusammenhang nicht nur die technischen und auch baulichen Erneuerungen der Schule, sondern v. a. unsere Zielsetzungen und Lehrmethoden.

Herr Prof. Dr. Schütz, der sich dankenswerterweise zu einem Redebeitrag bereit erklärt hat, wird im Laufe des Nachmittags sicherlich noch einige Veränderungen in der Bildungslandschaft am Beispiel des damaligen Aufbaugymnasiums und heutigen Burggymnasiums aufzeigen.

Unsere Schule trägt weiterhin dafür Sorge, auf die jungen, *fast erwachsenen* Schülerinnen und Schüler sozialintegrativ einzuwirken hinsichtlich ihrer späteren beruflichen Laufbahn, aber auch im Hinblick auf ihre Sozialkompetenz als Mitglieder einer offenen, aufgeklärten und liberalen Gesellschaft. Besonderen Wert legen wir dabei auf unsere Schülerinnen und Schüler ausländischer Herkunft, die einen festen Bestandteil unserer Schülerschaft ausmachen. Dies scheint mir in heutigen Zeiten durchaus der Hervorhebung wert.

Abschließend möchte ich noch Herrn Eckardt und der *kleinen* Big Band für die musikalische Begleitung danken. Zudem gilt mein Dank dem stellvertretenden Schulleiter Herrn Edinger, ohne dessen Organisation dieser Nachmittag so nicht möglich wäre.

Ich wünsche uns nun allen einen schönen Nachmittag mit anregenden Gesprächen und viel Freude.

Ingo Baumgarten, Oberstudiendirektor

Begrüßung

Sehr geehrter Herr Oberstudiendirektor Baumgarten!
Sehr geehrte Mitglieder des Kollegiums!
Verehrte Schülerinnen und Schüler!
Liebe Schulkameraden mit Euren Partnerinnen!

Wir sind versammelt, um unser 60-jähriges Abitur zu feiern, am Tag, an dem die Bundesrepublik siebzig Jahre Grundgesetz begeht. Beide Ereignisse haben unser Leben stark geprägt. Zu unserer Schulzeit versammelte sich an besonderen Gedenktagen die ganze Schulgemeinde zu einer Feier mit einem Vortrag in der Turnhalle. Naturgegeben sind nicht mehr alle unsere Kameraden unter uns. Einige sind verstorben, andere durch Krankheit oder andere Termine verhindert. Wir werden ihrer heute Abend besonders gedenken.

Wir treffen uns hier zum 15. Mal nach dem Abitur, immer in Friedberg und Umgebung. Dazwischen fanden auch immer wieder sogenannte bilaterale Treffen statt, in Nürnberg, Berlin, Bombay, Ockstadt und anderswo. Einbezogen waren auch immer die Partnerinnen, sodass wir heute in größerer Zahl versammelt sind. Man kann nun spekulieren, ob die Partnerinnen die entsprechende Wahl für uns sympathische Aufbauschüler getroffen haben oder ob wir das glückliche Händchen hatten, unsere Wahl so zu treffen, dass unsere Frauen gern an unseren Treffen teilnehmen. Auf jeden Fall bereichern sie unsere Treffen in jeder Hinsicht. Herzlichen Dank dafür. Dazu kommen einige, die die Schule früher verlassen haben und ihre Karriere an anderen Schulstätten fortgesetzt haben. Sie haben den Kontakt zu uns aber aufrechterhalten.

Wir waren Schüler der Aufbauschule, des späteren Aufbaugymnasiums, die in sieben Jahren zum Abitur führte. Einige von uns besuchten die Schule nach dem 6., 7. oder 8. Jahr Volksschule. Ich selbst nach dem 8. Volksschuljahr. Einer von uns hatte sogar vor dem Schuleintritt die Gesellenprüfung als Schreiner absolviert. Prägend für unsere Klassengemeinschaft war, dass ein Großteil von uns im angeschlossenen Internat wohnte.

Wir freuen uns und danken der Schule ganz besonders, dass sie uns Gelegenheit gibt, unsere Jubiläumsfeier in der bekannten Umgebung zu begehen, wenn auch manche Gebäude sich verändert haben und vor allem auch die Schulsituation anders geworden ist. Aus zwei Gymnasien wurde das Burggymnasium als eine reine Oberstufenschule.

Herzlichen Dank auch an die anwesenden Schülerinnen und Schüler, sich mit der Generation ihrer Großeltern oder sogar ihrer Urgroßeltern zu treffen. Herzlichen Dank an diejenigen, die im Hintergrund diese Feier vorbereitet haben. Vielleicht ergibt sich noch die Gelegenheit, persönlich zu danken.

Wir als Ehemalige freuen uns auf die Feier mit Ihnen, nachdem uns Herr Edinger bei einem früheren Treffen die Schule gezeigt hatte.

Ernst Köstler

Auf der pädagogischen Talsohle

Seit unserem Abitur im Jahre 1959 haben wir uns alle fünf Jahre in Friedberg getroffen. Als sich im letzten Jahrzehnt unsere Reihen ein wenig zu lichten begannen, schien uns dieser Rhythmus doch zu riskant, und wir einigten uns schließlich darauf, uns jährlich wiederzusehen. Die Treffen fanden sozusagen stillschweigend statt, das heißt, ohne dass wir einen Kontakt mit unserer alten Schule aufgenommen hätten. Als dann der Termin des 60-jährigen Jubiläums näher rückte, kam der Vorschlag auf, dieses Ereignis gemeinsam mit der Schule, mit Ihnen, zu begehen. Genau genommen hatten wir uns bereits vor zwei Jahren hier gemeldet. Herr Edinger hatte uns freundlicherweise durch die einzelnen Gebäude geführt, und wir hatten auch das bevorstehende Jubiläum angesprochen. Lassen Sie mich also gleich eingangs der Schulleitung und dem gesamten Kollegium ganz herzlich dafür danken, dass Sie unseren Vorschlag positiv aufgenommen haben.

Was aber war unsere Motivation für diese Veranstaltung? Nun, uns war zunehmend bewusstgeworden, wie viel sich in diesen sechs Jahrzehnten verändert hat, und dass auch einiges gleichgeblieben ist. Und deshalb ging unser Wunsch nicht etwa dahin, uns feiern zu lassen, sondern wir wünschten uns diesen Generationen-Clash, um ein kleines Stück Schulgeschichte lebendig werden zu lassen, für Sie und für uns. Denn für uns, die 80-Jährigen, gehört das Lehrerkollegium im Wesentlichen zu den Generationen unserer Kinder und Enkel, und die Schülerschaft entspricht demnach der Generation unserer Urenkel. Kehren wir die Perspektive um, dann besichtigen Sie in uns die Zeugen einer Epoche, die Sie nicht mehr erlebt haben: die letzten Kriegsjahre, Flucht und Vertreibung, das Wirtschaftswunder und die Anfänge der Pop-Kultur.

Aber unsere Schule, die *Realgymnasiale Aufbauschule*, die dann in *Aufbaugymnasium* umbenannt wurde, war keineswegs eine moderne Schule. Es war eine Vielzahl von Initiativen des ausgehenden 19. Jahrhunderts, die Arbeiterbewegung, die Frauenbewegung, die Jugendbewegung, die Kulturkritik und viele andere, die um die Jahrhundertwende eine äußerst fruchtbare pädagogische Reformbewegung hervorgebracht und die auch das dreigliedrige Schulsystem mit Volksschule, Mittelschule und Gymnasium in Frage gestellt hatte. In der Folge dieser Bestrebungen kam es 1922 zur Gründung der Aufbauschule in Friedberg, die sich zunächst verstand als *Blut- und Bodenschule für Söhne von Landwirten und Bauern*, und die bald danach als Gymnasium weiterentwickelt wurde. Durch den Beginn mit der Quarta nach der 6. oder 7. Volksschulklasse sollte vor allem Dorfkindern und Schülern aus schwierigen familiären Verhältnissen eine zweite Bildungschance geboten werden.

39 Schüler (davon nur vier Mädchen!) traten 1959 in die Quarta ein. Im darauffolgenden Jahr kamen noch einmal 19 Schüler von anderen Schulen bzw. aus der DDR hinzu, sodass aus 48 Schülern zwei Klassen gebildet wurden: die UIIIa und die UIIIb. Am Ende der Untertertia wurden in der „A" von 28 Schülern 14 nicht versetzt. Was war passiert? Es gab in dieser Klasse viele Repetenten sowie Landkinder, die sich bereits mit der deutschen Hochsprache schwertaten. In der Quarta war mit Englisch als erster, in der Untertertia mit Latein als zweiter Fremdsprache begonnen worden. Unsere Lehrerinnen und Lehrer verstanden sich als Fachleute und nicht als Pädagogen; es wurden weder Beratungen noch Fördermaßnahmen angeboten. Vielmehr hörten wir ein über das andere Mal den Spruch: *Du kannst ja gehen. Wer nicht hierhergehört, sollte einen nützlichen Beruf ergreifen.* – Es gehörte damals zum Elitebewusstsein der Gymnasien, in den ersten Jahrgängen stark zu selektieren. Zu Beginn der Oberstufe, also in der Obersekunda, waren wir noch 27 Schüler, von denen im Jahr 1959 schließlich 17 das Abitur ablegten.

Von jener der Reformpädagogik entliehenen Grundidee der Anfänge, vor allem dem ursprünglichen kompensatorischen und sozialpädagogischen Impetus war zu unserer Schulzeit so gut wie nichts mehr übriggeblieben.

Auch in den 1950er Jahren kamen immer wieder Schüler aus der DDR zu uns, die Russisch als erste Fremdsprache gelernt hatten. Ihnen fiel es schwer, den Anschluss an die Klasse zu finden. Wenn sich nicht die Eltern um Nachhilfe kümmerten, gelang es nur wenigen, den Lernrückstand ganz aufzuholen.

An den Gymnasien herrschte damals ein völlig anderes Klima als heute; den Schülern blies ein rauer Wind ins Gesicht, sodass ein großer Teil auf der Strecke blieb und sich einen alternativen Weg ins Berufsleben suchen musste.

Unter den Lehrkräften war etwa jeder Dritte insofern ein Original, als er Vorschriften und Erlasse ignorierte. In der Untersekunda begannen wir mit Französisch als dritter Fremdsprache. Gleich in der ersten Stunde verkündete uns der damalige Direktor, der in einem halben Jahr pensioniert werden sollte, er werde mit uns in diesen fünf Monaten das gesamte Jahrespensum durcharbeiten. Als er uns die dritte Klassenarbeit zurückgab, hatte ein einziger Schüler eine Vier, alle anderen eine Fünf oder eine Sechs. Natürlich wurde die Arbeit gewertet, und niemand begehrte auf. An wen hätten wir uns auch wenden sollen? Über dem Direktor gab es ja nichts mehr – dachten wir.

Übrigens wurde die Prügelstrafe in Bayern erst 1970 verboten, im fortschrittlichen Hessen bereits 1946. Das hinderte unseren Mathematiklehrer der ersten drei Jahre jedoch nicht daran, jegliches Fehlverhalten einschließlich Rechenfehlern gnadenlos mit Kopfnüssen zu ahnden. Auch darüber beschwerte sich niemand. Beschimpfungen wie *Damlack, Döskopp, Schwachkopf, Schwachmatikus, Schöps* usw. gehörten zu unserem Alltag. Über all dies beklagte sich niemand – schließlich waren wir eine derart robuste Ansprache von der Volksschule her schon gewohnt. Der Begriff *Mobbing* war uns seinerzeit nicht geläufig, doch konnten wir beobachten, dass aufmüpfige Schüler mit diesem Phänomen Bekanntschaft machten.

Natürlich stachelte das Verhalten der Lehrer die Phantasie der Schüler an, die, wenn sie sich ungerecht behandelt fühlten, auf Rache sannen. Einmal bespritzten in einer Mathematikstunde mehrere Schüler – ohne vorherige Verabredung – den hellgrauen Kittel des Lehrers von hinten derart mit Tinte, dass er sich einen neuen kaufen musste.

Unser Musiklehrer bestand auf absoluter Ruhe und Disziplin im Unterricht, und er schreckte auch nicht davor zurück, einem Schüler, der ihm widersprach, nach dem ersten sofort noch einen zweiten Tadel ins Klassenbuch einzutragen. – In dem Gebäude, das Sie auch heute noch den Orgelbau nennen, war damals im Erdgeschoss links eine Orgel eingebaut. Der Musiklehrer genoss es, an einem Nachmittag in der Woche sich an das mächtige Instrument zu setzen und in der Tonfülle zu schwelgen. Ein technisch begabter Schüler hatte beobachtet, dass der Motor, der die Windmaschine antrieb, außerhalb des Orgelbaus, nämlich in einem Verschlag über dem Fahrradschuppen untergebracht war. Einige Schüler fingierten eine Fahrradreparatur, einer stieg hinauf und klemmte am Motor das Stromkabel ab. Sofort erstarb die Orgel an Luftmangel. Laut schimpfend verließ der Lehrer den Orgelbau und entfernte sich.

Unser Sportlehrer leitete das Internat, das in dem heutigen Verwaltungsbau untergebracht war. Hier herrschte militärische Disziplin mit einer rund um die Uhr besetzten Wache am Eingang. Doch auch diese konnte nicht verhindern, dass es eine Zeit lang immer wieder in der Nacht an der Wohnungstür des Heimleiters läutete. Aber niemand stand vor der Tür! Ein technisch affiner Schüler hatte die Klingelleitung an der Decke einer Toilette immer wieder einmal nachts mit der Spitze seines Taschenmessers überbrückt.

Einmal gab es im Heim ein Stinkbombenattentat. Da der Heimleiter bei aller Strenge noch an das Gute im Menschen glaubte, versuchte er den oder die Täter mit der Ehrenwortmethode zu ermitteln. Am Ende erwiesen sich jedoch sämtliche Heimbewohner als unschuldig. Überhaupt wurde nur äußerst selten ein Streich oder ein Sabotageakt aufgeklärt.

Für die wenigen Mädchen der Schule gab es in einem der Fachwerkhäuser, wo sich heute das *Info* befindet, das Mädchenheim; dort ging es recht familiär zu. Allerdings galten auch hier gewisse Regeln. So war es zum Beispiel nicht erlaubt, in den Zimmern etwas zu essen. Wenn dann eine Schülerin von einem Wochenendbesuch von zu Hause Kuchen oder Wurst mitbrachte, schlichen sich zu nächtlicher Stunde heimlich drei oder vier Mädchen auf den Dachboden, um die Köstlichkeiten heimlich zu vertilgen.

Als wir in den 1950er Jahren das Aufbaugymnasium besuchten, war das dreigliedrige Schulsystem in der BRD die verbindliche Norm. Die Volksschule bereitete auf die praktischen Berufe vor, die Mittelschule qualifizierte ihre Absolventen für die Verwaltungen und die mittleren und die gehobenen Beamtenlaufbahnen. Das Gymnasium hingegen sollte seine Schüler zur Hochschulreife führen. Deshalb lehrte man hier die alten und die neuen Sprachen, und da es sich um ein Realgymnasium handelte, nahmen die Naturwissenschaften und die Sachfächer auch einen breiten Raum ein.

Von den Schülern wurde erwartet, dass sie außerhalb des Unterrichts ihre Hausaufgaben erledigten, sich einer anspruchsvollen Lektüre hingaben, vielleicht etwas Sport trieben oder zu ihrer Entspannung über die Kaiserstraße oder durch den Burggarten flanierten. Schließlich sollten sie einmal gebildete Akademiker werden. Praktische Arbeiten hingegen wie eine Betätigung in der Küche oder im Garten kamen nur als Strafmaßnahmen vor. In den Zimmern des Heims sollte auch nicht gebastelt werden.

Trotz der verbindlichen hohen Bildungsideale gab es findige Tüftler, die allen Verboten zum Trotz heimlich Flugmodelle und sogar kleine Raketen bauten. Die als Schmutz und Schund verfemten Comic-Strips und Porno-Hefte wurden unter der Hand getauscht und einmal sogar unter einem Fensterbrett eingemauert und danach vergessen. In einem Zimmer unternahm man den Versuch, selber Obstwein herzustellen. Von einem Klassenkameraden weiß ich, dass er einmal von einem Wochenendbesuch von zu Hause eine kleine Korbflasche mit *Äbbelwoi* mitbrachte, der gemeinsam genossen wurde. Alkoholexzesse gab es immer wieder einmal, und ab und zu wurde einer ruchbar und dann drakonisch bestraft.

All diesen Widrigkeiten zum Trotz beneidete ich die Heimschüler damals um die gemeinsame Freizeit und die vielen Streiche, die sie miteinander ausheckten; auch die spartanische Kost der Schulküche hätte mich nicht geschreckt. Aber zu meinem Unglück kam ich aus Nieder-Wöllstadt; die Bahn brauchte für die sieben Kilometer gerade mal zehn Minuten. Das hätte eine Unterbringung im Internat natürlich nicht gerechtfertigt. Allerdings gab es im Keller meines Elternhauses eine kleine Werkstatt, und hier hinderte mich niemand daran zu sägen, zu bohren, zu schrauben oder chemische Versuche zu machen. – Wäre diese Schule, dieses Internat für viele Schüler nicht ein Paradies geworden, wenn man hier einen Werkraum eingerichtet hätte!

All die strengen Regeln und Verbote nahmen wir als gottgegeben hin. Nie haben wir protestiert, wir haben keine Alternativen eingefordert. Haben wir denn nichts vermisst? Waren wir vielleicht anders sozialisiert als die heutige Schuljugend?

Zwischen 1938 und 1939 geboren, hatten wir den Krieg als Kinder noch erlebt und wurden 1944 bzw. 1945 eingeschult. Die Aufbauschule hatte uns ab 1952 in Friedberg, das heißt, in der amerikanischen Besatzungszone, zusammengeführt. Man kann sagen, dass wir mehrheitlich Amerika-Fans waren. Uns faszinierte der *american way of life*. Der *Wilde Westen* hatte damals Konjunktur, der uns über Filme und Heftchen-Romane nahegebracht wurde. So ziemlich alles fanden wir gut, was von jenseits des großen Teichs zu uns herüberschwappte. Da die deutschen Rundfunksender fast nur deutsche Schlager brachten, hörten viele von uns den amerikanischen Soldatensender AFN Frankfurt. Zudem ist die Tatsache, dass Elvis Presley seit 1958 in Friedberg stationiert war, an kaum einem von uns spurlos vorübergegangen. Hier nahm die Popkultur für uns ihren Anfang.

Wir Jugendlichen waren optimistisch und fortschrittsgläubig, vielleicht auch ein wenig unkritisch. Vor allem waren wir überzeugte, ja, begeisterte Demokraten! Und einige von uns träumten auch schon von einem geeinten Europa. Schließlich gab es bereits seit 1946 die Europa-Union als Bürgerverein. Ich erinnere mich, dass wir einmal während unserer Schulzeit nach Bad Nauheim wanderten, um im dortigen Theater an einer Informationsveranstaltung über eine mögliche europäische Föderation teilzunehmen.

Trotz der mehr oder minder autoritären Pädagogik, die an unserer Schule praktiziert wurde, waren wir fest davon überzeugt, dass wir nach Verlassen der Penne nicht nur persönlichen Erfolg haben würden, sondern auch einen wesentlichen Beitrag für unser Land leisten könnten.

Es gab auch damals Flüchtlinge. Zwischen 1945 und 1950 kamen ca. 12 bis 14 Millionen Heimatvertriebene nach Deutschland und Österreich. Diese wurden nicht überall mit offenen Armen aufgenommen, denn sie mussten schnell untergebracht werden. Deshalb wurden von den Gemeinden Zimmer oder auch ganze Wohnungen konfisziert. Hier und da hörte man ein Murren – aber es gab keinen Widerstand, vor allem keinen Hass. Letztlich wurden die Neubürger aufgenommen und integriert. Durch das Lastenausgleichsgesetz von 1952 wurden die Vertriebenen auch finanziell für einen Teil der erlittenen Vermögensverluste entschädigt.

Von der Gründung der DDR 1949 an bis zum Fall der Mauer bzw. des Eisernen Vorhangs 1989 kamen ca. 3,8 Millionen Menschen herüber in die BRD. Bis 1953, als unsere Friedberger Zeit begann, war es bereits eine Million. Soweit ich das beurteilen kann, wurden alle Flüchtlingskinder an unserer Schule komplikationslos integriert. Für Freundschaften bedeutete die Herkunft keine Barriere.

Offensichtlich unterschied sich unsere Mentalität von derjenigen der heutigen Gymnasiasten. Das betraf nicht nur die Generation der Jugendlichen. Gewiss, es gab in der BRD die Meinungs- und Versammlungsfreiheit. Zum 1. Mai veranstalteten die Gewerkschaften alljährlich ihre Kundgebungen und Aufmärsche. Aber wirkliche Demonstrationen, welche das staatliche Gewaltmonopol in Frage gestellt hätten, die gab es nicht. Schließlich lebten wir in einer Demokratie, und es ging uns gut. Der Arbeiteraufstand von 1953 in der DDR und seine Niederschlagung löste hier bei uns einen gelinden Schock aus. Nun, dort drüben herrschten ja auch die Kommunisten, sagten wir uns.

Die Initialzündung zu alternativem Denken und Handeln wurde erst von den Studentenrevolten ab 1968 ausgelöst. Go-Ins und Sit-Ins in den Universitäten, Demonstrationen in den Städten, Häuserkampf, Gewalt gegen Sachen, Gewalt gegen Personen einschließlich der Morde durch die RAF – so eskalierte die Entwicklung. Heute hingegen gehört der bürgerliche Ungehorsam zum Selbstverständnis breiter Gesellschaftsschichten und aller Generationen.

Nun, wir waren typische Kinder der Wirtschaftswunder-Zeit. Der wirtschaftliche Aufschwung fiel in die bleierne Zeit der Adenauer-Ära. Und auch in der Pädagogik gab es einen Stillstand, denn die Lehrerausbildung bis 1968 zehrte noch von der Reformpädagogik. Anderes zu erwarten, wäre eine anachronistische Illusion, denn die Generation unserer Eltern und unserer Lehrer war durch den Zweiten Weltkrieg gegangen, ein großer Anteil von ihnen hatte mit der Nazi-Ideologie sympathisiert.

Die Windstille der 1950er Jahre, jene Talsohle, eröffnete uns die Chance, Umschau zu halten; wir mussten uns selbst erfinden, weil es weit und breit keine geeigneten Vorbilder gab.

Nachdem wir vor nunmehr anderthalb Jahrzehnten aus dem Berufsleben ausgeschieden sind, hatten wir genügend Zeit, noch einmal alles Revue passieren zu lassen – vor allem die Schule und was wir aus dem Gelernten und Erfahrenen gemacht haben. Sie mögen sich wundern, wenn ich Ihnen nun sage, dass wir uns mit erlittener Unbill weitestgehend versöhnt haben, und wir bedauern es kaum, dass uns die Aufklärung und die Emanzipation nicht auf dem silbernen pädagogischen Tablett präsentiert wurden.

Ja, wir fühlten uns in diesem Staat, in unserer Demokratie, immer zu Hause. Und es stößt uns bisweilen übel auf, wenn wir beobachten, wie Hassreden und Intoleranz zunehmen und es nur mehr als Kavaliersdelikt gilt, wenn der Artikel 1 unserer Verfassung öffentlich in Zweifel gezogen wird.

Aber ich möchte zum Schluss noch ein anderes, bemerkenswertes Phänomen ansprechen. Nachdem eine ganze Erwachsenengeneration, allen voran Politiker und Wirtschaftskapitäne, versagt hat, weil sie, anstatt verantwortlich zu handeln, nur um den Erhalt von Macht und Profit bemüht war und ist, formierte sich seit Ende 2018 eine Initiative aus einer Ecke, von der sie niemand erwartet hätte. Es sind Schüler, die für den Klimaschutz demonstrieren. Wozu für eine Zukunft lernen, sagen sie, wenn es diese möglicherweise gar nicht mehr gibt! Dass die Generation, die wir für unmündig gehalten hatten, globale Verantwortung einfordert, das hätte wohl kaum jemand von uns für möglich gehalten. – Alle Achtung!

Damals, bei der Abiturfeier vor 60 Jahren, fragte Wolfgang Widemann, der seit 2017 nicht mehr unter uns ist, ob denn nun die Weichen für unsere Zukunft richtig gestellt seien und die Signale für uns auf *freie Fahrt* stünden. Heute können wir bestätigen, dass jenes Experiment, unseren Jahrgang betreffend, gelungen zu sein scheint. Dabei möchte ich ausdrücklich auch diejenigen miteinschließen, welche die Schule mit der mittleren Reife oder während der Oberstufe verlassen hatten. Schließlich wurden bei uns immer alle, die jemals in unserer Klasse waren, zu den Klassentreffen eingeladen. Wir verstanden uns also nicht als elitärer Club.

Ja, das heutige Burggymnasium ist zweifellos und objektiv eine bessere Schule, als die unsrige es damals war. Während seinerzeit ein Dreierdurchschnitt normal war, erzielen Abiturienten heute bessere Noten. Dennoch, man möge uns das bitte nachsehen, denken wir gerne an jene Zeit zurück – sogar bisweilen mit einem leichten Anflug von Dankbarkeit.

Unseren Lehrerinnen und Lehrern, von denen vermutlich kaum noch einer lebt, können wir das nicht mehr sagen. Aber die Schule gibt es ja noch – nicht nur die Gebäude – denn die Schule, das sind Sie, die Lehrerinnen und Lehrer sowie die Schülerinnen und Schüler. Sozusagen stellvertretend geht unser Dank an Sie. – Dank wofür? So genau kann ich Ihnen das auch nicht sagen: Wir freuen uns einfach, dass wir hier heute mit Ihnen zusammen sein dürfen!

Helmut G. Schütz

Biografien

Renate Balluff, geb. Witt

Ich wurde am 30. April 1938 in Stuttgart-Bad Cannstatt geboren. Meine Familie wohnte dort. Nach einem Luftangriff verloren wir Hab und Gut. Wir kamen bei Verwandten unter. Nun standen mehrere Wechsel an. 1945 wurde ich in Bürg (bei Winnenden) eingeschult. Bedingt durch wiederholte Wohnortswechsel in der Region um Stuttgart besuchte ich auch verschiedene Volksschulen. Nachdem mein Vater 1950 von seiner Firma nach Friedberg versetzt worden war, zog die Familie mit vier Kindern nach Friedberg und später nach Bad Nauheim.

In Friedberg besuchte ich die Mittelschule und kam von dort in die Quarta der Aufbauschule. Nach einem halben Jahr wurde ich sehr krank. Ich lag mit Knochenmarkvereiterung im Krankenhaus in Bad Nauheim und kam von dort in die Kinderklinik nach Stuttgart. Hier wurde ich mit Penicillin behandelt und kam nach einem Jahr zurück. Ich beendete die Quarta und blieb in der Aufbauschule bis zum Abschluss der Mittleren Reife nach der Untersekunda.

Mein Berufswunsch war: Krankenschwester. Nach anderthalb Jahren Vorpraktikum in einer verwandten Familie in Stuttgart wurde ich in die Schwesternschule der Universitätsklinik Frankfurt am Main aufgenommen. Diese Ausbildung musste ich aus gesundheitlichen Gründen nach anderthalb Jahren aufgeben. Ich lernte Stenografie und Maschinenschreiben und arbeitete dann bei einem Rechtsanwalt und Notar.

Ich konvertierte zum katholischen Glauben und machte in Mainz eine Ausbildung zur Gemeindereferentin. Mit diesem Examen ging ich nach Stuttgart. Von nun an arbeitete ich dort in vier Pfarreien an vier Grundschulen als Religionslehrerin und bereitete die Kinder auf die Sakramente vor.

1968 heiratete ich den Küster Ulrich Balluff aus Bad Nauheim und blieb mit ihm bis 1971 in Bad Nauheim. Mein Mann nahm eine Küsterstelle in Essen an. Die kleine Familie zog also nach Essen und 1976 nach Düsseldorf. In dieser Zeit widmete ich mich ganz meiner Familie. Ich zog drei Buben auf und half ehrenamtlich in der Gemeinde. Mein Mann ist früh verstorben.

Nach mehreren schweren Erkrankungen lebe ich heute in einem Seniorenheim in Düsseldorf.

Maria Blumenthal, geb. Mayer

Am 1. März 1938 wurde ich in Sonneberg (Thüringen) geboren. 1940 zogen meine Eltern nach Köppelsdorf, einen Vorort von Sonneberg, wo ich 1945 eingeschult wurde. Ich hatte sogar eine Schultüte, die mit Papier ausgestopft war; nur obenauf lagen ein paar Äpfel und Himbeerbonbons, die man lange lutschen konnte.

Es gab nur alte Lehrer. Die jungen Männer waren noch in Gefangenschaft oder im Krieg gefallen. Im ersten Schuljahr wechselten wir zwischen drei verschiedenen Schulen. Ich kann mich an den Satz erinnern: *Die Großen nehmen die Kleinen mit.* Ab der 2. Klasse konnte ich in unserer Schule in Köppelsdorf bleiben.

Wo meine Mutter meinen Schulranzen herhatte, weiß ich nicht. Das Griffelmäppchen hatte sie selber genäht. Schiefertafel und Griffel wurden in Sonneberg hergestellt, sodass wir damit versorgt waren. 1948 kam ich in die 4. Klasse. Russisch stand auf dem Stundenplan, doch dafür gab es keinen Lehrer.

Im Dezember 1948 verließen meine Eltern mit uns vier Kindern Sonneberg und zogen zu den Eltern meiner Mutter nach Unkel am Rhein. Hier besuchte ich die Volksschule in Erpel. Hier gab es keine Schiefertafeln, sondern beschichtete Papptafeln, die man ganz vorsichtig abwischen durfte, denn bei großer Nässe lösten sie sich auf.

Am Ende der 4. Klasse sollte ich vom Klassenlehrer aus die Aufnahmeprüfung fürs Gymnasium in Linz machen. Meine Eltern blockten das ab, weil ein neuerlicher Umzug nach Bayern bevorstand. Im Herbst zogen wir nach Zeil am Main um, wo mein Vater eine neue Arbeitsstelle hatte. 1950 bestanden meine Schwester und ich die Aufnahmeprüfung für das Gymnasium in Haßfurt. Als mein Vater in Bergneustadt (NRW) eine besser bezahlte Arbeit fand, stand wieder ein Umzug ins Haus. Da es ein volles Jahr dauerte, bis mein Vater für die Familie eine Wohnung fand, kehrten meine Schwester und ich zurück in die Volkschule in Unkel, weil die Versetzungstermine der beiden Bundesländer nicht übereinstimmten. Ich blieb bis zum Abschluss der 9. Klasse. Inzwischen wohnten wir in Morsbach im Oberbergischen Kreis. Ich wurde in die Gymnasiale Aufbauschule in Bergneustadt aufgenommen.

Im Januar 1955 wurde mein Vater von seiner Firma nach Frankfurt am Main versetzt, und unsere Familie fand eine Wohnung in Nieder-Wöllstadt. Zum Glück gab es in Friedberg ein Aufbaugymnasium, sodass meine Schwester und ich dort den geeigneten Anschluss fanden. Ich wurde in die Obertertia aufgenommen und an Ostern in die Untersekunda versetzt. In der Obersekunda erkrankte ich nach den Herbstferien an Enzephalitis und musste ein Vierteljahr pausieren. Danach bin ich nicht ans Aufbaugymnasium zurückgekehrt, sondern habe mich nach einem praktischen Jahr im Kinderheim in Ilbenstadt von 1958 bis 1960 zur Seelsorgehelferin (heute heißt es Gemeindereferentin) ausbilden lassen.

1966 heiratete ich, zog nach Rodheim (Gemeinde Rosbach v. d. H.), war neun Jahre mit Kindererziehung beschäftigt und ging mit dem Schuljahr 1973/74 wieder in meinen Beruf. 25 Jahre war ich an der hiesigen Erich Kästner-Schule in der Grundschule, der Förderstufe, der Hauptschule und der Realschule tätig.

Mein Beruf hat mir immer viel Freude bereitet. Nun genieße ich mit meinem Mann das *Rentner-Dasein.*

Walter Boss

Anno 1938 am 6. März kam ich am Fuße eines erloschenen Vulkans in einem kleinen Dorf im Vogelsberg zur Welt. Meine Eltern bewirtschafteten einen Bauernhof, der ausreichte, um die Großfamilie – Großeltern, Eltern, Tante und Onkel sowie meine zwei jüngeren Brüder und mich – zu versorgen.

Im Herbst 1944 wurde ich in die Volksschule in Rudingshain eingeschult. Nach der Kapitulation 1945 wurde uns mitgeteilt, dass die Lehrerin verhaftet worden sei und wir bis zur Einstellung eines neuen Lehrers keinen Unterricht mehr hätten.

Auf Empfehlung meiner späteren Klassenlehrerin machte ich 1950 als einziger Bauernsohn aus dem Ort die Aufnahmeprüfung für das Gymnasium in Schotten. Dort hatte ich wegen meiner Herkunft einige Vorbehalte von Seiten mancher Mitschüler zu bestehen. Das Gymnasium ging nur bis zur mittleren Reife. Das wurde für mich problematisch, denn es gab damals keine Möglichkeit, mit öffentlichen Verkehrsmitteln in einem vertretbaren Zeitrahmen eine weiterführende Schule zu erreichen.

Mir und Dieter Berndt empfahl der Schulleiter, zum Aufbaugymnasium mit Internat in Friedberg zu wechseln. Die gymnasiale Oberstufe in Friedberg bedeutete für mich ein höheres Maß an persönlicher Freiheit, da ich vorher zu Hause in der Landwirtschaft intensiv hatte mithelfen müssen. Was mir in Friedberg besonders gefallen hat, war das freundschaftliche Zusammenleben mit den Schulkameraden. Besonders hervorheben möchte ich hier Dieter Grumpe und Siegbert Brückner.

Nach dem Abitur wurde ich direkt zur Bundeswehr eingezogen, und zwar zur Grundausbildung bei der Luftwaffe in Goslar. Ich gehörte zu einer Einheit aus Abiturienten, die für die Ausbildung zum Reserveoffizier vorgesehen war. Mehrmals wechselte ich den Standort bis zum Ende der Offiziersausbildung in Neubiberg bei München. Dort wurde ich im Herbst 1960 als Leutnant der Reserve entlassen.

Danach verbrachte ich sechs Monate in der elterlichen Landwirtschaft, weil mein jüngerer Bruder in dieser Zeit ebenfalls seinen Wehrdienst ableisten musste. Mein Interesse zur Ausbildung als Berufsschullehrer kam durch einen Freund, der ebenfalls diesen Weg gehen wollte. Die erforderlichen Ausbildungen in der Berufspraxis absolvierte ich in verschiedenen Ausbildungsbetrieben. Im Sommer 1962 begann ich mit dem Studium für das Lehramt an beruflichen Schulen am Berufspädagogischen Institut in Frankfurt am Main. In dieser Zeit verliebte ich mich in meine Kommilitonin Helga, die bis heute meine Ehefrau ist.

Bis zu meiner Pensionierung im August 1999 unterrichtete ich an der Theodor-Litt-Schule in Gießen. Schwerpunkte dieser Tätigkeit waren die spanenden Berufe wie Dreher oder Fräser sowie die Werkstoffkunde in der Technikerschule.

In dieser Zeit wurden auch unsere beiden Söhne Thomas und Sebastian geboren. Mit 42 Jahren begann mein Interesse am Radsport, der mich auf meinem Rennrad auch über Alpen- und Pyrenäenpässe führte. Bis heute legte ich über 100.000 km mit dem Rennrad oder Mountain-Bike zurück und bin immer noch regelmäßig unterwegs.

Im August 1999 musste ich wegen einer Stimmbandverhärtung aus dem Dienst ausscheiden. Seit dieser Zeit genießen Helga und ich bei passabler Gesundheit unseren Ruhestand.

Siegbert Brückner

Ich wurde am 09.05.1938 in Niederschlesien geboren, bin verheiratet und habe zwei erwachsene Kinder.

1945 flüchtete ich vor der Roten Armee in die spätere SBZ und 1954 von dort über West-Berlin in die Bundesrepublik.

Von 1954 bis 1959 war ich Schüler der Aufbauschule in Friedberg, Meine Wahl war auf diese Schule gefallen, weil ihr ein Internat angeschlossen war und ich – wie bereits in der DDR – trotz meines intakten (halben) Elternhauses (mein Vater war im April 1945 gefallen) wieder rund um die Uhr mit Gleichaltrigen zusammen sein wollte. Der schulische Anfang in Friedberg war nicht ganz leicht für mich, weil ich in der 9. Klasse Englisch und Latein nachholen musste. Zum Glück nahmen mich meine Lehrer und besonders meine Mitschüler mit offenen Armen auf. Dafür werde ich immer dankbar sein. In der Oberstufe fühlte ich mich vor allem meinen Klassenkameraden Walter

Boss, Wilfried Seipp und Reinhard Schneider verbunden.

Nach bestandenem Abitur habe ich zunächst meinen Wehrdienst abgeleistet. Hier erfuhr ich durch Zufall, dass das Auswärtige Amt Nachwuchs suchte. Ich bewarb mich, wurde zum Auswahlwettbewerb eingeladen und wenig später nach Bonn einberufen.

Ich habe mein gesamtes vierzigjähriges Berufsleben im deutschen Auswärtigen Dienst verbracht, davon zwei Drittel im Ausland. Auf meinen Auslandsposten – Marseille, Singapur, Bombay, Colombo, Prag, London, Innsbruck, Nikosia, Washington und Moskau – war ich überwiegend in der Presse-, Öffentlichkeits- und Kulturarbeit eingesetzt. Den Umzug der Bundesregierung von Bonn nach Berlin 1999 und mein letztes Berufsjahr in der neuen Hauptstadt möchte ich wegen ihrer Einmaligkeit nicht missen.

Seit meiner Friedberger Zeit habe ich mich sehr für die bildende Kunst interessiert. Es gibt nur wenige bedeutende Kunstmuseen weltweit, die ich nicht besucht hatte. In den Londoner Auktionshäusern war ich häufig zu Gast. Zu verdanken habe ich dieses Interesse in erster Linie unserer Kunstlehrerin Waltraut Otto, auch wenn diese es nicht geschafft hat, mir das Malen und Zeichnen beizubringen. Mit Musik hatte und habe ich dagegen weniger im Sinn, abgesehen von Blues, Jazz und anspruchsvollem Rock. Vielleicht hätte ein besserer Musiklehrer etwas daran ändern können! Von den Friedberger Lehrern haben neben Frau Otto nur Direktor Dr. Wolf, den ich für einen sehr guten Pädagogen hielt, und Herr Stockh einen bleibenden Eindruck auf mich gemacht.

Rückblickend habe ich es nicht bereut, mein gesamtes Berufsleben im Auswärtigen Dienst verbracht zu haben. Ich hatte dort Gelegenheit, mich mit einem anderen Hobby, der Außenpolitik, intensiv zu beschäftigen. Oft bin ich interessanten Persönlichkeiten begegnet, deren Bekanntschaft ich in anderen Berufen vermutlich nie gemacht hätte. Ungeliebte Vorgesetzte wurde man in absehbarer Zeit wieder los, weil sie, wie man selbst, der Rotation unterlagen. Ich habe gern im nahen und fernen Ausland gelebt und bin bereits zu einer Zeit viel gereist, als es noch keinen Massentourismus gab. Dabei wurde ich – zumindest in Ländern mit schwierigen Lebensbedingungen – auch noch ganz ordentlich bezahlt. Anders als meine Frau war ich am Ende das Zigeunerleben dann aber doch ziemlich leid.

Willi Dittrich

Am 03.03.1938 wurde ich, Willi Ehrhardt Ernst Dittrich, als drittes von sechs Geschwistern in Meiningen/Thüringen geboren und durfte umgehend nach Österreich auswandern.

Einschulung 1944 in Graz, Besuch weiterer Grundschulen u. a. in Halle a. d. Saale und Vacha/Rhön.

1953 Flucht der gesamten Familie aus der DDR über Berlin, Aufnahme in die Klasse Untertertia des Aufbau-Gymnasiums mit Internat Friedberg/Hessen, zunächst als Fahrschüler, ab 1954 Heimschüler.

Schulabschluss mit Abitur 1959.

Davor 1957: Kennenlernen meiner späteren Ehefrau, Ursula Deutsch (Schillerschule), in der Tanzschule. Damit Beginn einer (kleinen) Tanzsportkarriere.

1959 – 1970 Chemiestudium an der Johannes Gutenberg-Universität in Mainz.

Daneben regelmäßiger Nebenverdienst als Hilfsarbeiter.

1967 Heirat mit Ursula Dittrich, geb. Deutsch. Diplom-Prüfung.

1970 Promotion zum Dr. rer. nat. mit dem Prädikat: *magna cum laude*, Hauptfach: Makromolekulare Chemie.

1970-1971 Wissenschaftlicher Mitarbeiter in Mainz und Veröffentlichung der Doktorarbeit.

1971 Eintritt in die damalige VEBA CHEMIE AG (Gelsenkirchen) als Mitarbeiter im Stab der Sparte Kunststoffe (Produktion Polyolefine: Polyethylen und Polypropylen). Tätigkeitsfeld: Pro-

dukt- und Prozess-Optimierung, Investitionsplanung, Kostenana-
lysen, Wirtschaftlichkeitsrechnungen, Mitarbeit in der Produktion
bei der Inbetriebnahme von Neuanlagen.

1972/1975 Geburt unserer beiden Töchter Regina und Sabine.

1979 nach Eingliederung der Produktion Polyolefine, Werk
Scholven, in die CHEMISCHE WERKE-HÜLS AG (Marl) war
ich dort mit erweitertem Aufgabenbereich im Vorstandsstab (PuK
Planung und Kontrolle) als Referent für den Geschäftsbereich
Polyolefine tätig.

Ab 1981 wieder aktiv im Tanzsport, 1982 Wertungsrichter
DTV, 1986 Vize-Landesmeister NRW in der Klasse Sen. A/II
(Standard) und Aufstieg in die Sen. Sonderklasse S/II.

1982-1984 Abschnittsleiter, 1985-1995 Produktionsleiter Produktion Polyolefine, Werk Scholven.

1996 nach Ausgliederung des Betriebs in die VESTOLEN
GmbH (zum Verkauf) Beendigung meiner Berufslaufbahn über
eine Vorruhestandsregelung und Aufgabe der Tanzsportaktivitä-
ten.

Die Rentnerjahre ab 1998 waren ausgefüllt mit Reisen, Lesen,
VHS-Kursen, Senioren-Sport und Gartenpflege.

2011 erlitt meine Frau einen Schlaganfall, was zu einem allmähli-
chen körperlichen Abbau führte.

Ab 2014 wurde häusliche Pflege erforderlich, die ich übernommen habe. Nach mehreren Krankenhausaufenthalten musste meine Frau 2017 letztlich in stationäre Pflege übernommen werden.

Ich selbst wohne noch in unserer Eigentumswohnung, bin geh-
behindert und versorge mich weitgehend selbstständig.

Dieter Grumpe

Am 22. März 1938 wurde ich in Leipzig geboren und lebte auch dort mit meinen Eltern. 1943 wurde unsere Wohnung von Fliegerbomben zerstört, und wir zogen nach Thüringen in den Heimatort meines Vaters. 1953 übersiedelte ich nach Frankfurt am Main. Wegen der unterschiedlichen Schulsysteme besuchte ich ab 1953 die Aufbauschule in Friedberg. Diese habe ich 1959 mit Erfolg verlassen.

Mein Einstieg ins Berufsleben begann mit der Lehre als Maschinenschlosser, die ich nach 2½ Jahren 1961 erfolgreich beendete. Von 1961 bis 1965 studierte ich am Berufspädagogischen Institut in Frankfurt Maschinenbau und Pädagogik. Während dieser Zeit habe ich meine spätere Frau Wilfriede kennengelernt, die am selben Institut Hauswirtschaft (Ökotrophologie) studierte, und Walter Boß wieder getroffen. Nach dem Abschluss meines Studiums war ich ab 1966 an der Heinrich-Kleyer-Schule (Berufsschule) in Frankfurt und später an der Paul-Ehrlich-Schule (Berufsschule) in Frankfurt-Höchst. An dieser Schule habe ich Prozessleitelektronik, allgemeine Metalltechnik (Maschinenbau), Elektrotechnik, Kraftfahrzeugtechnik und Physik unterrichtet.

Seit 1970 war ich als Fachleiter und Ausbilder an verschiedenen Fachseminaren und Studienseminaren tätig. Diese Tätigkeit habe ich ab 1975 als Studiendirektor bis zu meiner Pensionierung ausgeübt. Ich habe Fachoberlehrer, Fachlehrer für arbeitstechnische Fächer und Theorielehrer ausgebildet. Meine Aufgabe war es, die zukünftigen Berufsschullehrer im Unterricht an ihren Schulen zu besuchen, Seminarveranstaltungen durchzuführen, Prüfungsarbeiten zu betreuen und zu bewerten sowie an Staatsexamen teilzunehmen.

Gegen Ende meiner Dienstzeit war der ehemalige Friedberger Internats-Schüler, Hans-Günther Leßmann, Leiter der Paul-Ehrlich-Schule, an der ich ein paar Stunden unterrichtete. Wir haben oft über die Friedberger Zeit gesprochen. Er konnte sich noch gut daran erinnern, wie ich bisweilen als *ranghöherer* Schüler abends seine Füße und mittags seine Fingernägel auf Reinlichkeit kontrolliert habe.

1966 habe ich Wilfriede geheiratet, unseren Sohn Kai gezeugt, der 1968 geboren ist, später dann auch noch einen Baum gepflanzt aber kein Haus gebaut. Unser Sohn Kai hat an der Technischen Hochschule in Darmstadt Maschinenbau studiert. Als an der Friedrich-Ebert-Schule in Wiesbaden das Berufsfeld *Veranstaltungstechnik* eingerichtet wurde, hat er als Seiteneinsteiger das Zweite Staatsexamen als Lehrer abgelegt. Jetzt unterrichtet er an dieser Schule im Berufsfeld *Veranstaltungstechnik*. Er hat zwei Kinder. Fernando hat jetzt Abitur gemacht und möchte Physik studieren. Nora ist 16 Jahre alt und besucht die Schillerschule in Frankfurt, um dort auch das Abitur zu machen.

Ganz besonders hat es mich gefreut, dass Horst Wolfheimer an meinem 50-sten Geburtstag, den ich im Fachseminar Groß-Gerau gefeiert habe, für die musikalische Unterhaltung gesorgt hat.

Nach wie vor sammle und restauriere ich Dampfmaschinen, Heißluftmotoren, Elektromotoren und Verbrennungsmotoren.

Immer wieder habe ich festgestellt, dass die in Friedberg vermittelte Bildung und die erworbenen Erfahrungen mich durchaus befähigt haben, mich im Leben zu bewähren. Ich denke sehr gern an diese Zeit.

Theo Hess

Theo wurde am 31. März 1936 als Sohn eines Schreiners in Ockstadt geboren. Vor der Aufnahme in das Aufbaugymnasium Friedberg absolvierte er eine abgeschlossene Schreinerlehre. Nach dem Abitur 1959 studierte Theo an der Johann Wolfgang Goethe-Universität in Frankfurt Theologie und Deutsch.

1961 heiratete er Kathi, eine Krankenschwester aus Thüringen, die ihm versprach, mit ihm in die Mission zu gehen. Nach einer sprachlichen Weiterbildung im zweiten Halbjahr 1964 in Bournemouth/England ging er mit der inzwischen gewachsenen Familie von Mai 1965 bis Juni 1968 im Rahmen eines Entwicklungshilfeprojekts als Leiter und Ausbilder im Fachbereich Bau- und Möbelschreiner an die berufliche Schule der Franziskanerbrüder nach Bombay/Indien.  In seiner Wohnung soll er sich dort auch im Kampf mit einer Kobra bewährt haben. Welch eine Überraschung, als er im Deutschen Generalkonsulat in Bombay mit Siegbert Brückner zusammentraf, der ebenso wie er aus Anlass des Tages des Grundgesetzes eingeladen war!

Nach seiner Rückkehr aus Indien unterrichtete er an den beruflichen Schulen in Butzbach und Friedberg als Studienrat und Oberstudienrat bis zu seiner Pensionierung.

Theo hatte neben seinem familiären Leben – Kathi und Theo hatten drei Töchter und zwei Söhne – und seinem beruflichen

Leben mindestens noch zwei weitere Leben: die Musik und die Politik.

1976/1977 absolvierte er am Konservatorium in Frankfurt eine Ausbildung zum Dirigenten für Chorgesang. Seit 1977 war er *zeitweise* Dirigent von fünf Chören.

Seit seiner Jugendzeit interessierte sich Theo für Politik und für seine Heimatgemeinde Ockstadt. Belege dafür sind, dass er Gründungsmitglied der CDU Ockstadt, des Geschichtsvereins Ockstadt und des Schwimmbadvereins Ockstadt war. Theo Hess war von 1972 bis 2008 in den parlamentarischen Gremien der früheren Gemeinde Ockstadt sowie der Stadt Friedberg tätig: 18 Jahre gehörte er dem Stadtparlament Friedberg an. Er betätigte sich als CDU Vorsitzender und 23 Jahre als Ortsvorsteher von Ockstadt. Außerdem wirkte Theo zehn Jahre als Schöffe am Landgericht in Gießen.

Für seine Verdienste wurde Theo am 11. September 1985 der Landesehrenbrief verliehen, und 2008 erhielt er die Medaille der Stadt Friedberg und die Ehrenbezeichnung *Ehrenortsvorsteher des Stadtteils Ockstadt*.

Theo Hess starb am 31. Oktober 2014 nach längerer Krankheit. Seine Klassenkameraden werden ihn und seine Familie immer in guter Erinnerung behalten, war doch sein Haus jederzeit offen für ein kleines Nachtreffen nach unseren Zusammenkünften in Friedberg.

Schon während unserer Schulzeit pflegten Theo und ich gemeinsame Interessen: ich als Internatsschüler, er als Fahrschüler, den ich mit dem Fahrrad in Ockstadt leicht erreichen konnte. Später erweiterten wir unsere Freundschaft auf unsere beiderseitigen Familien. Wir besuchten uns gegenseitig mit den Kindern und organisierten gemeinsame Aktivitäten. Nicht nur ich, auch meine Familie denkt gerne und dankbar zurück an Theo und Kathi.

Ernst Köstler

Edgar Hoffmann

Als Edgar Hellmuth Hermann Hoffmann wurde ich als drittes Kind von Elsbeth Ida Berta Hoffmann, geb. Pomrehn, und Louis Hellmuth Hoffmann am 08.01.1938 in Arnstadt (Thüringen) geboren. Dort besuchte ich die Volksschule von 1944 bis 1952. 1949 wurde das Stadtgut, das wir bewohnten, enteignet, und wir mussten es innerhalb von drei Tagen verlassen.

1952 flohen wir nach West-Berlin und gelangten schließlich nach Beienheim bei Friedberg. Bald darauf fanden wir eine Wohnung in Bad Vilbel. Von 1953 bis 1959 besuchte ich das Aufbaugymnasium in Friedberg, wo ich vor allem von Dr. Matthäus besonders gefördert wurde (Latein und Musik) und das Abitur ablegte. Während meiner Schulzeit spielte ich in der Christuskirche in Bad Vilbel die Orgel.

An den Universitäten in Frankfurt/Main, Göttingen und Mainz studierte ich von 1959 bis 1966 Theologie. Das Studium wurde durch Prof. Dr. Alfred Nißle (Freiburg i.Br.) gesponsert. Während meiner Mainzer Studienzeit lernte ich Hiltrud Zaun, meine spätere Frau, kennen, die für das Höhere Lehramt Latein und Theologie studierte. Wir heirateten 1968.

Auf das Erste Theologische Examen in Darmstadt folgte ein Volksschulpraktikum und das Predigerseminar in Herborn. Danach wurde ich für ein Jahr Vikar an der Bergkirche in Wiesbaden. Nach dem Zweiten Examen entschied ich mich für ein Sonderpraktikum an einem Gymnasium in Laubach, wo ich bis 1968 blieb.

Mit meiner Ordination übernahm ich die Pfarrvikarsstelle an der Lukasgemeinde in Lampertheim. 1971 wurde ich zum Pfarrer auf Lebenszeit ernannt und übernahm die Pfarrstelle I der Luthergemeinde in Worms.

Die Dekanatssynode Worms hat mich 1975 für 9 Jahre zum Dekan gewählt. In dem Zeitraum von 1971 bis 1988 habe ich *Neue Akzente* für das Gemeindeleben angeregt und auch weitgehend realisiert: Regelmäßiger Gemeindebrief – Geburtstags- und Besuchsdienst – Arbeitskreis *Theologie und Literatur* – Neugründung des Posaunenchors – Aufbau der Evangelischen Sozialstation – Vorkonfirmanden-Unterricht – Neue Taufglocke – Wochenandachten – Ausstellungen – Gestaltung des Luthersaales.

Von 1984 bis zu meiner Versetzung in den Ruhestand 2001 war ich Pfarrer an der Christuskirche in Mainz.

Theologen, die meine Arbeit immer stark bestimmt haben, waren Martin Luther, Karl Barth, Wilhelm Stählin, Friso Melzer und Adolf Schlatter.

Unsere Kinder, Kerstin, Judith und Daniel wurden 1971, 1973 und 1975 in Worms geboren. Meine Frau Hiltrud hat während meiner gesamten Dienstzeit an verschiedenen Gymnasien unterrichtet, hat unsere Kinder großgezogen, unseren Haushalt versorgt und mich durch ihre aktive Mitarbeit in der Gemeinde tatkräftig unterstützt.

2001 zogen wir in unser Haus in Volxheim bei Bad Kreuznach. In dem weitläufigen Garten fand ich ein willkommenes Betätigungsfeld für die Zeit des Ruhestands. Auch genoss ich es, endlich viel Zeit für die Lektüre von Büchern zu haben, auf die ich mich schon lange gefreut hatte.

Hans Reiner Holle

Am 3. Dezember 1938 wurde ich in Berlin-Karlshorst als dritter von fünf Söhnen des Reichsbahn-Oberinspektors Friedrich Holle und seiner Ehefrau Anna Holle, geb. Hepp, geboren und katholisch getauft. Nach unserer Evakuierung 1942 zogen wir nach Wiedenbrück, wo ich 1944 eingeschult wurde. Da die Hauptverwaltung der DB 1950 nach Offenbach/Main ging, zogen wir nach dort um, wo ich zunächst die Volks-, dann die Mittelschule besuchte. 1953 wurde ich in die Untertertia der Aufbauschule Friedberg und das angeschlossene Internat aufgenommen. 1955 verließ ich wegen unüberbrückbarer Differenzen mit dem Heimleiter das Internat und pendelte nun täglich als Fahrschüler zwischen Offenbach und Friedberg. 1956 verließ ich das Aufbaugymnasium Friedberg mit der *Mittleren Reife*.

Ich besuchte in Frankfurt eine Handelsschule sowie die Internat. Berlitz-School, die ich als Wirtschafts-Dolmetscher in Englisch abschloss. Danach begann eine Lehre zum Exportkaufmann bei dem Kaffee-Importeur Hoeffler in Frankfurt. Als die Firma liquidierte, beendete ich 1960 meine Lehre bei Export-Import Karl Höhn in Frankfurt als Kaufmannsgehilfe.

Unmittelbar danach wurde ich als Panzergrenadier zur Bundeswehr einberufen. Ich nahm u. a. an Offiziers-Lehrgängen teil und beendete 1962 als Leutnant mein Dienstverhältnis.

Ich fand eine Anstellung bei der *Metallgesellschaft AG* in Frankfurt, zunächst als Mitarbeiter in der Volkswirtschaftlichen Abteilung. Daneben absolvierte ich ein 4-semestriges Studium an der Akademie für Welthandel der Goethe Universität. Ich wurde Sachbearbeiter in div. Handelsabteilungen. 10 Jahre war ich im Betriebsrat des Unternehmens. Nach Abschluss eines betriebsbedingten Auflösungsvertrages verließ ich die *MG* im Jahre 1994. Es folgte 1998 der Eintritt in die vorgezogene Rente.

Privates: 1965 Eheschließung. 1966 und 1967 Geburt unserer beiden Töchter Anja und Iris. Ab 1978 getrennt lebend. Meine neue Lebensgefährtin brachte zwei Kinder mit (Junge und Mädchen). 1980 wurde unsere Tochter Anna-Caroline, 1982 unser Sohn Sebastian Friedrich Dorian geboren. Scheidung von meiner ersten Frau 2005. Protestantische *Einsegnung* mit Gabriele 2007.

Resümee: Trotz Krieg, beengtem Wohnen, zeitweise abwesendem Vater, doch behütet und naturnahem Aufwachsen hatte ich eine schöne Kindheit. Jugendzeit: als Messdiener und im Zeltlager, jährliche 4-Wochen-Ferien mit den lieben Eltern und den Brüdern in allen Teilen Deutschlands, Tanzkursus und erste Liebe. Getrübt durch zwei Jahre im Internat unter einem völlig unfähigen Heimleiter und miserablen Pädagogen. Sehr guter Klassenlehrer, der die Liebe zur Natur vermittelte und uns mit Baudenkmälern der Umgebung vertraut machte. Geblieben ist ein unheilbares Heimweh und damit verbundenes Bewusstsein. Erinnerungen an Führerschein, Motorisierung: erst Vespa, dann VW und all die Autos, die folgten. Fernreisen (ins europäische Ausland), Feiern mit Freunden, Abschiednehmen von Eltern und Menschen, die man liebte. Und immer wieder das Schönste: die eigene Familie. Harmonie, gegenseitiges Vertrauen und innige Liebe zum Partner, das alles ist es, was man braucht und wofür es sich lohnt zu leben, jeden Tag gesund aufzustehen und festzustellen: Es geht uns gut! Die Abende vor dem Kamin im eigenen Haus möchte man für Nichts in der Welt eintauschen!

Günther Kisters

Mein Vetter Günther Kisters wurde am 14.12.1936 in Athen geboren. Während des Krieges kam er mit Mutter und Bruder nach Heinzenberg im Taunus, wo er von 1943 bis 1950 die Volksschule besuchte. Er war an drei verschiedenen Gymnasien, wo er allerdings nicht die richtige Ansprache fand. Schließlich wechselte er 1955 an das Aufbaugymnasium in Friedberg, wohin ich ihm 1957 folgte. Am Ende der Obersekunda verließ Günther die Schule und begann bei der Firma Adler in Frankfurt/Main eine kaufmännische Lehre, die er bei der Naxos-Union abschloss.

Bei der Naxos-Union arbeitete Günther ab 1959 als kaufmännischer Angestellter. Ab 1964 war er Verkaufsleiter bei der Firma Bärhausen GmbH & Co KG in Lauterbach, die Schleifmittel und weitere Produkte für Schleiftechnik herstellte. Wohl Mitte der 1970er Jahre wurde er Geschäftsführer und Gesellschafter bei der Firma Premines GmbH, die ebenfalls Schleifmittel produzierte. 1983 gründete Günther das Baubiologische Zentrum Rhein-Main GmbH (BBZ) in Frankfurt, die natürliche Farben und Baustoffe herstellte und vertrieb. 1989 gründete er die Firma Biologische Baustoffe Kisters, die Naturbaustoffe en gros und en détail verkaufte. Er war Mitbegründer der Ökoplus-AG – Fachhandelsverband für ökologisches Bauen und Wohnen.

Günther heiratete 1960 Inge Priewe. 1961 wurde der Sohn Frank, 1964 die Tochter Britta geboren. Die Ehe wurde 1970 geschieden. Günther heiratete 1971 Barbara Wieland. 1973 wurde der Sohn Daniel, 1979 die Tochter Miriam geboren. 1986 gründete Günther auf der Rosenau in Dietzenbach ein Wohnprojekt nach ökologischen Grundsätzen.

Obwohl Günther während drei Jahrzehnten sich beruflich stark forderte, fand er auch Zeit für seine vielseitigen Interessen. So pflegte er einerseits das Bergwandern und andererseits das Segeln mit seiner eigenen Jolle. Auch engagierte er sich in seiner Heimatgemeinde Dietzenbach als Mitglied des Kirchengemeinderats der Katholischen Pfarrgemeinde.

Günther Kisters starb am 06.03.2000 nach kurzer schwerer Krankheit.

Axel Schönfeld

Ernst Köstler

Geboren wurde ich am 9. Mai 1938 auf einem Bauernhof etwas abseits von Oberlosau, einem kleinen Dorf im Kreis Eger. Meine Vorfahren betrieben seit Generationen eine Landwirtschaft. Schule und Kirche waren etwa 3 km entfernt, in Palitz. Alle Wege wurden zu Fuß zurückgelegt. Von Herbst 1944 bis Frühjahr 1945 besuchte ich das 1. Schuljahr, wobei Unterricht und Schulweg häufig durch Fliegeralarm unterbrochen wurden. 1945/1946 mussten 3 Millionen Deutsche die Tschechoslowakei verlassen, mit Zustimmung der alliierten Sie-

germächte. Ich kam mit meinen Eltern im Juni 1946 in einem Transport nach Deckenbach, einem kleinen Ort im Vogelsberg ohne Bahnanschluss. Hier besuchte ich die zweiklassige Volksschule bis zur Schulentlassung nach dem 8. Schuljahr 1953.

War nicht die Aufbauschule mit ihrer ursprünglichen Idee wie geschaffen für mich? Nach bestandener Aufnahmeprüfung trat ich in die Untertertia ein, nachdem ich ein Jahr Englisch nachgeholt hatte. Nach sechs Jahren bestand ich das Abitur. Es folgten 1 Jahr Wehrdienst bei der Bundeswehr in Koblenz und drei Jahre Studium in Weilburg für das Lehramt an Volks- und Realschulen. Zunächst unterrichtete ich in Eppstein und Kelkheim, seit 1971 als Konrektor. Ich wirkte mit bei der Einrichtung des 9. Volksschuljahrs. Gleichzeitig leitete ich Seminare für die Ausbildung der jungen Lehrkräfte und war damit Mitglied in den Prüfungskommissionen für die Zweite Staatsprüfung. 1964 heiratete ich die

Lehrerin Margit Felkl. Bewusst sind wir uns begegnet, als wir beide nach den Abiturfeierlichkeiten in Friedberg bzw. Weilburg aus entgegengesetzten Zügen ausstiegen. Wir haben vier Kinder – Adelheid, Alexander, Beatrice und Veronique – drei davon im Lehrerberuf, eine Tochter ist Diplompsychologin. Die Kinder zog es immer wieder in andere Städte. Das bedeutet auch heute noch immer viele Kilometer zu fahren, um sie in Würzburg, München, Bonn, Freiburg, Brüssel, Heidelberg oder Berlin zu besuchen.

1977 bezogen wir unser Haus in Braunfels; gebaut mit viel Selbsthilfe. Drei Jahre war ich tätig als Konrektor in Waldsolms, anschließend bis zur Pensionierung im Jahre 2000 als Rektor und Schulleiter an der Grund- und Förderstufenschule in Wetzlar-Steindorf.

Außer meiner beruflichen Tätigkeit habe ich mich sowohl in Oberjosbach, unserem ersten gemeinsamen Wohnort, wie in Braunfels ehrenamtlich in Kirche, Vereinen und Kommune betätigt. Vor allem habe ich Erwachsenenbildung betrieben. In der ersten Zeit ging es vorwiegend um Themen aus Politik, Gesellschaft und Erziehung. Seit Jahren zeige ich Spielfilme mit anschließender Besprechung, inzwischen über fünfzig. Eine Zeit lang war ich Vorsitzender des Diözesanbildungswerkes Limburg.

Über viele Jahre haben wir die Kontakte zu südfranzösischen Freunden gepflegt. Jährlich besuchten sich der Singkreis der Katholischen Pfarrgemeinde Braunfels und ein Chor der französischen Partnerstadt Bagnols-sur-Cèze gegenseitig. Wir genossen die Gastfreundschaft, das Meer und die Sonne Südfrankreichs.

Schon in der Volksschule zeichnete ich eine kleine Ahnentafel. Seit einigen Jahren sind die Kirchenbücher Tschechiens im Internet einsehbar, sodass die Forschungen von zu Hause aus erfolgen können. So konnte ich die Linie Köstler bis ca. 1660 zurückverfolgen. Blaues Blut fließt vermutlich nicht in meinen Adern.

Derzeit sorgen unsere fünf Enkel – Leonid, Julena, Estella, Laura und Amalia – dafür, dass wir nicht einrosten.

Erhard Lerch

Am 28. Juni 1939 wurde ich in Marburg an der Lahn geboren. Meine Kindheit verbrachte ich im beschaulichen Gemünden an der Wohra gemeinsam mit meinen Eltern und Geschwistern.

Ich habe zwei Brüder, einen älteren (Jahrgang 1938) und einen jüngeren (Jahrgang 1941).

Seit Herbst 1945 besuchte ich die Grundschule in Gemünden, danach die Realschule. Da ich gern Abitur machen wollte, musste ich die Schule wechseln. In Frage kamen nur Marburg oder Frankenberg.

Meine Eltern wollten mir ein Fahrschülerleben ersparen und so kam ich 1953 an die Aufbauschule in Friedberg.

Von 1953 bis 1957 besuchte ich das Aufbaugymnasium, dann hatte ich genug vom Heimleben und machte die Aufnahmeprüfung an der Wirtschaftsoberschule in Kassel, wo ich 1961 mein Abitur ablegte.

1961 begann ich mit dem Studium der Volkswirtschaft an der Philipps Universität in Marburg (Lahn); nach zwei Semestern wechselte ich an die Goethe Universität nach Frankfurt (Main), wo ich Betriebswirtschaftslehre studierte.

Als ich mitten in der Diplomarbeit war, verstarb mein Vater im Sommer 1964. Jetzt galt es, die durch Krankheit entstandenen Schulden zu tilgen: Ich unterbrach mein Studium für drei Jahre und unterstützte meine Mutter.

Beruflich habe ich mich auf die EDV spezialisiert. Begonnen habe ich bei Nixdorf, danach war ich bei ICL. Am längsten arbeitete ich bei dem Software Hersteller CSC (Computer Siences Corporation).

Am 22. Juli 1966 heiratete ich meine Frau Hannelore. Am 2. September 1969 wurde unsere Tochter Hannelore geboren.

Meine Hobbys waren Skilaufen und Radfahren. Mit dem Skilaufen begann ich am Hoherodskopf mit unserem Sportlehrer Amtmann. Ab 1965 bin ich vierzigmal zum Skilaufen nach Südtirol gefahren. Meistens nach Canazei, aber auch ins Grödner Tal und nach Alta Badia.

Mit dem Radfahren begann ich auch in Friedberg, weil die Fahrkarte in die Heimat DM 6,00 kostete. Von 1985 bis 2014 bin ich sportlich Rennrad gefahren; habe unter anderem den Bodensee zehnmal umrundet.

Seit 1972 feiern wir mit anfänglich sieben Paaren Silvester, inzwischen sind es noch fünf Paare. Jeweils ein Paar richtet die Feier für die übrigen aus. Im nächsten Jahr das nächste Paar usw. Früher hat jeder die Arbeit übernommen; inzwischen mieten wir uns in einem Hotel ein.

Seit mehr als dreißig Jahren bin ich mit zwei Eisenbahnern befreundet, die ich in einem Projekt kennen lernen durfte.

Der Kontakt zu Friedberg ist nie abgerissen; zum 50. Geburtstag von Hans Schäfer war ich eingeladen, konnte den Termin aber leider nicht wahrnehmen.

An meinem 50. Geburtstag war Horst Wolfheimer mit seiner Frau Anita bei uns, und er hat mit seinem Keyboard und mit Gesang für gute Laune gesorgt.

Gunther Lindenthal

Als Gunther Franz Lindenthal am 06.02.1939 als einziger Sohn des Polizisten Franz Lindenthal und seiner Frau Anna in Ober-Heidisch, Kreis Mährisch-Schönberg, Nordmähren, geboren.

Beruflicher Werdegang: Ab April 1959 anderthalb Jahre Wehrdienst bei der Luftwaffe in Roth, Lechfeld, Stade, Ulm und Neubiberg. Nach freiwilligen Wehrübungen abschließender Dienstgrad: Oberleutnant der Reserve.

Wunschberuf: Architekt. Dafür ein Semester Architekturstudium in Karlsruhe. Nach gründlicher Orientierung an der Berufswirklichkeit Entscheidung für den Lehrerberuf.

Von 1961 an konsequent durchgeführtes Studium von Chemie, Biologie und Geographie für das Lehramt an Gymnasien. Nach dem Anfangsstudium in Marburg näheres Kennenlernen der Herkunftsfamilie seines Freundes Ulrich Muschelknautz aus Südbaden. Dabei erste Kontakte mit seiner künftigen Ehefrau, der Jüngsten der Geschwister, damals noch Schülerin.

Fortsetzung des Studiums an der Universität Freiburg und Staatsexamen 1967 in Biologie und Chemie.

Referendarausbildung im Raum Südschwaben. Dauerhafte Einstellung in den Schuldienst ab 1968 am Gymnasium Oberndorf am Neckar. Hier Fachlehrer für Chemie und Biologie. Ratgeber beim Schulhausneubau.

Während der letzten vierzehn Dienstjahre stellvertretender Schulleiter. Mit 63 Jahren 2002 vorzeitiger Ruhestand.

Kennzeichen seiner beruflichen Tätigkeit: Sachlichkeit, Standfestigkeit, gleichmäßiger Einsatz für ein geordnetes Funktionieren der Schule, mit entsprechend hohen Ansprüchen an sich und die Anderen.

Zum Ausgleich für die unvollkommene Schulwirklichkeit intensive Freizeitbeschäftigung. Von hohem Stellenwert die Freude am Vorbereiten, Durchführen und fotografischen Festhalten mehrerer Reisen in Mittel- und Südeuropa, der Türkei, Indien und Sri Lanka.

Heirat am 26.01.1968 mit Veronika Muschelknautz, geboren am 21.04.1946 in St. Ulrich im Breisgau. Kirchliche Trauung und Hochzeit am 17.08.1968 in Kirchhofen südlich von Freiburg. Gründung des gemeinsamen Hausstands in Oberndorf.

Am 29.11.1975 Geburt von Tochter Melanie, als Bereicherung empfunden. Begleitung ihres Werdegangs bis zu ihrer eigenen Familiengründung am 01.06.2008 in Sydney, Australien. Ab 2009 Erlebnis des Enkels Jay.

Lange Zeit störende Nachwirkung von Fluchterlebnissen 1945 und aus der Flüchtlingszeit in Bayern bis zur späten Rückkehr des Vaters 1952 aus jugoslawischer Gefangenschaft. Neustart der Familie in Gießen.

Nach dem Tod von Schwiegereltern und Eltern Bau eines Einfamilienhauses 1994-1995 in Oberndorf. Für das Eigenheim Einsatz von viel Eigenleistung bei Innenausbau und Gartenanlage.

Während des ersten Ruhestandsjahres zunehmende gesundheitliche Probleme. Im Sommer 2011 zum ersten Mal Symptome von Bauchspeicheldrüsenkrebs; Heilung aussichtslos. Mehrwöchige Chemotherapie ohne Erfolg, nur strapaziös.

Am 30. Oktober 2011, ein Tag vor der Übersiedlung in ein Hospiz, erlösender Tod noch daheim.

Veronika Lindenthal

Artur Momberger

Nach dem Abi kam die Militärzeit und das Studium der Volkswirtschaft an der Uni Frankfurt. Ohne Uni-Abschluss begann ich
1962 ein erstes Arbeitsverhältnis bei Firma VDM Frankfurt. 1965
übernahm ich das Verkaufsbüro der VDM für Nordbayern in
Nürnberg. Aber ich merkte, dass mir diese Art zu repräsentieren
keinen Spaß machte und kündigte. So fing ich am 1.4.1969 bei
Firma Wieland in Schwaig bei Nürnberg an.

Meine Aufgabe war es, eine
neue Import/Export-Firma für
Gießereiprodukte aus den sozialistischen Ländern aufzubau-
en. Für diesen Job waren alle
kaufmännischen Kenntnisse ge-
fragt und ich betrat geschäftli-
ches Neuland. Schnell hatten
wir erste interessante Aufträge
gebucht. Nach einem Jahr hatte
ich schon drei Mitarbeiter, und
wir kauften Guss aus allen sozialistischen Ländern ein und
verkauften in westliche Länder.
Allerdings musste ich sehr viel
reisen und war fast jede Woche
im Ausland. Inzwischen hatte ich geheiratet, und Sohn Marco
wurde geboren. Durch meine Gewinnbeteiligung habe ich sehr
gut verdient, was mich für den Aufwand entschädigte. Der Erfolg
blieb uns treu, und wir hatten schnell 12 bis 15 Mitarbeiter.

Ich war selten zu Hause, was für meine Ehe nicht gut war. Ich
wurde 1980 geschieden, behielt aber das Sorgerecht für unseren
Sohn. 1987 heiratete ich Elfriede, die zwei Söhne mit in die Ehe

brachte. Zusammen hatten wir jetzt drei Söhne in unserer Patchworkfamily, die bis heute gut funktioniert.

Inzwischen hatte ich als Geschäftsführer 60% der Firmenanteile übernommen. Mit der Wende 1989 in den sozialistischen Ländern änderte sich für unsere Firma sehr viel. Unsere Firmenphilosophie passte nicht mehr. Viele Firmen kauften jetzt direkt und brauchten uns als Zwischenhändler nicht mehr. In dem seitherigen Erfolgsrezept sah ich keine Zukunft, verkaufte 1995 meine Firma und privatisiere seitdem.

Meine Frau übergab ihren Verlag 1996 an einen der Söhne, und wir konnten gemeinsam unsere Zukunft planen. Wir kauften ein Wohnmobil und begannen zu reisen. Bis heute sind wir 23 Jahre jeden Sommer mit unserem *Womo* in ganz Europa, Türkei und Marokko unterwegs. Es ist unser Hobby, fremde Länder, Kulturen und Menschen kennenzulernen. Im Winterhalbjahr zieht es uns regelmäßig per Flug in ferne Länder. Die *Sibirische Eisenbahn* von Moskau nach Peking und eine Schifffahrt *ums Kap Horn* (Magellanstraße) zählen zu den Highlights.

Seit 1995 gehöre ich als Gründungsmitglied zum Lions Club Eckental und bin dort mit Freunden aktiv. Ich beschäftige mich gerne mit Heimatgeschichte und habe jahrelang über meinen Wohnort recherchiert. 2015 habe ich das Buch *Eckenhaid – Chronik eines Dorfes* veröffentlicht.

Seit Jahren bin ich ehrenamtlich in unserer Gemeinde tätig. Ich engagiere mich in der Flüchtlingshilfe. Im Archiv helfe ich als Spezialist für die alte Sütterlinschrift, die Texte alter Dokumente zu digitalisieren, und an historischen Gebäuden und Plätzen in Eckental habe ich von mir gestaltete Informationstafeln anbringen lassen, die der Lions Clubs finanziert hat.

Die Ehrenämter geben mir die Möglichkeit, mich für das Glück, das ich in meinem Leben hatte, dankbar zu erweisen.

Rolf Pausch

Eine rückblickende Lebensdarstellung spielte in meinem bisherigen Dasein kaum eine Rolle. Meine Blickrichtung war stets nach vorne gerichtet. Dr. Kanz würde sagen: *CARPE DIEM.*

Geboren im südlichsten Zipfel des Kreises Gießen mit dem heutigen Namen Hungen-Utphe. Wahrlich ein seltsamer Name, dessen Bedeutung bis heute im Nebel liegt.

Direkt nach dem Abitur durfte ich zum Bund nach Koblenz zu den Pionieren, denen man nachsagt, mehr an Muskeln als geistigen Möglichkeiten zu haben.

Nach Stationen in Koblenz mit der Grundwehrausbildung und Spezialkursen mit Sprengmitteln, Hannover mit der Heeresoffiziersschule und München mit der Truppenfachschule folgte die Entlassung als Leutnant der Reserve. Mit den in den genannten Standorten gemachten Erfahrungen und praktischen Übungen würde ich heute den Wehrdienst verweigern und an dessen Stelle ein soziales Jahr vorziehen.

Da ein Studium aus verschiedenen Gründen nicht infrage kam, entschloss ich mich zur Ausbildung zum Industriekaufmann in einem renommierten Frankfurter Betrieb mit über 1.000 Mitarbeitern, deren Mittelpunkt die Produktion von Reproduktionskameras war, die teilweise mehrere Tonnen wiegen konnten – begleitet vom Handel mit Verbrauchsmaterialien aller großen Hersteller. Nach Stationen als Sachbearbeiter, stellvertretender Abteilungs-

55

leiter, Abteilungsleiter erfolgte die Versetzung nach Köln als Leiter der dortigen Niederlassung. Das hatte leider zur Folge, dass wir unsere, erst einige Monate vorher bezogene Eigentumswohnung am Frankfurter Lohrberg wieder verkaufen mussten. Nach über 20 Jahren Tätigkeit für diese Firma trafen wir den Entschluss, selbständig mit dem Handel von Reproduktionsgeräten und -materialien zu werden. Durch den technischen Wandel zur Computertechnik und den damit verbundenen Kosten ergab sich die Situation zum Verkauf unserer Firma.

Da das Rentenalter nahte, haben wir uns entschlossen, unser Haus, Freunde und Nachbarn aufzugeben und zurück nach Hessen zu gehen, und zwar nach Bad Nauheim. Warum Bad Nauheim? Diese Stadt bietet alles, was für das Alter angemessen ist; beste ärztliche Möglichkeiten, wundervolle Parkanlagen, Gradierbauten, eine erstaunliche Kultur, Jugendstil in allen Facetten, ein Jugendstiltheater im früheren Kurhaus, die Nähe zu Frankfurt und Wiesbaden sowie Taunus und Vogelsberg. Für uns ideal!

Familie, Sport, Reisen, Kultur: In diesem Jahr feiern wir unser 55-jähriges Ehejubiläum. Diese lange Zeit war und ist ausgefüllt mit täglicher sportlicher Aktivität – früher (über 25 Jahre) mit Pferden – auch im Ausland u. a. in Ungarn, Österreich, Frankreich, Spanien und selbst in der Südsee. In den letzten Jahren und bis heute dreimal wöchentliche Arbeit im Fitnessstudio. Zusätzlicher Einsatz im Jugendstilverein verbunden mit Reisen u. a. nach Riga, die Vogesen, Ålesund/Norwegen.

Ein wichtiger Teil unseres Lebens: Reisen – in nahezu alle Länder in Europa sowie Island, USA, Südsee (Tahiti, Marquesas u. a. mit den Grabstätten von Paul Gauguin und Jacques Brel), Tunesien und Marokko.

Soweit wir gesund bleiben, wird sich an unserem in die Zukunft gerichteten Dasein nichts ändern. *CARPE DIEM*!

Arno Reuning

Ich wurde am 04.03.1937 in Wallernhausen im Kreis Büdingen geboren. Von 1943 bis 1952 besuchte ich dort die zweiklassige Volksschule und danach als Internatsschüler das Aufbaugymnasium in Friedberg, wo ich 1960 das Abitur bestand.

Ab 1960 studierte ich am Pädagogischen Institut in Jugenheim a. d. B. und an der Pädagogischen Hochschule in West-Berlin. 1963 legte ich die Erste Wissenschaftliche Prüfung für das Lehramt an Volks- und Realschulen ab.

Ich unterrichtete als außerplanmäßiger Lehrer an der Karl-Oppermann-Schule (Sonderschule für Lernbehinderte) in Frankfurt a. M. und bestand 1968 die Zweite Staatsprüfung.

Das Studium der Sonderschulpädagogik an der Universität Marburg/Lahn von 1968 bis 1970 schloss ich mit der Staatsprüfung für das Lehramt an Sonderschulen ab.

Anschließend unterrichtete ich als Sonderschullehrer an der Karl-Oppermann-Schule. 1971 wurde ich Sonderschulkonrektor an derselben Schule. 1990 wurde ich in Bad Homburg Rektor der Pestalozzischule als sonderpädagogisches Beratungs- und Förderzentrum. Wir unterrichteten ca. 100 Schülerinnen und Schüler an der Pestalozzischule und betreuten bis zu 200 Kinder an Grundschulen im Hochtaunuskreis.

Im Jahr 2000 wurde ich in den Ruhestand versetzt.

Auch außerhalb der Schule bin ich pädagogischen Tätigkeiten nachgegangen. Von 1966 bis 1968 war ich Kreisfachberater für Verkehrserziehung. Von 1971 bis 1983 unterrichtete ich als Lehrbeauftragter an der Johann Wolfgang Goethe-Universität in Frankfurt a. M. 1973 wurde ich an das Wissenschaftliche Prüfungsamt für das Lehramt an Sonderschulen (Erste Staatsprüfung) berufen und war in dieser Funktion bis 1983 tätig. Außerdem arbeitete ich von 1978 bis 1987 in der Rahmenlehrplangruppe *Mathematik* der Schule für Lernbehinderte mit.

Aus meiner ersten Ehe habe ich drei volljährige Kinder. 1990 habe ich mich wiederverheiratet, und wir haben einen gemeinsamen Sohn.

Manfred Richter

Ich wurde 1935 in Oberschlesien geboren und 1941 eingeschult. Im Februar 1945 flüchteten wir vor den Russen nach Glatz. Rückkehr Mai 1945. 1946 wurde die ganze Familie interniert, weil mein Vater sich in der Bodenbeschaffenheit auskannte. Im gleichen Jahr wurde ich in die polnische Schule aufgenommen. 1950 wollten die polnischen Behörden, dass die Familie die polnische Staatsangehörigkeit annimmt und ihren Nachnamen ändert in einen polnischen Namen. Meine Eltern lehnten das ab, und so wurden wir erst 1950 ausgewiesen. Durch viele Lager im Osten und Westen hindurch sind wir dann in Rheinbrohl  gelandet. Hier besuchte ich die 8. Klasse. Mein Vater war arbeitslos, und so besorgte ihm ein alter Freund einen Job in Hessen als Gutsinspektor.

Ab 1952 besuchte ich die Aufbauschule in Friedberg bis zur mittleren Reife, danach in Gießen die Wirtschaftsoberschule und machte eine Lehre als Industriekaufmann. 1960 wechselte ich nach Offenbach zu einer Firma als Einkäufer. Der Standort wurde nach Flensburg verlagert, und so ging ich als Einkäufer zur Firma Klöckner-Humboldt-Deutz AG Luftfahrttechnik nach Oberursel. Von Januar bis Juni 1962 war ich in Bristol/England, um Kenntnisse im Triebwerksbau zu erwerben. Einige Zeit später habe ich die Einkaufsleitung übernommen.

1963 habe ich geheiratet, 1964 und 1966 wurden unsere Söhne geboren. 1980 haben wir nach dem Tod meiner Schwägerin ihren damals neunjährigen Sohn bei uns aufgenommen.

Ich führte viele Verhandlungen in den USA, Kanada, England, Frankreich und Italien. Gott sei Dank ist in der Luftfahrt die englische Sprache Standard. 1974 wurden mir weitere Abteilungen der Materialwirtschaft unterstellt. Besonders gefreut habe ich mich, als mich meine Kollegen zum *Sprecher der Leitenden* gewählt haben. Diesen Bereich führte ich bis zu meiner Pensionierung. 1990 wurde das Werk (1.700 Mitarbeiter) von BMW-Rolls-Royce übernommen. BMW stieg zwei Jahre später aus, und so bin ich jetzt Pensionär von Rolls-Royce.

Nach dieser Zeit haben meine Frau und ich viele Reisen durch Europa, Ägypten, Russland und China gemacht. Uns interessierte die Geschichte dieser Länder. Da mein Gesundheitszustand sich verschlechterte, haben wir das Reisen eingestellt.

Jetzt genieße ich meinen Lebensabend mit meiner Frau, unseren Söhnen, Schwiegertöchtern und Enkeln in unserem Haus im Taunus.

Henner Rößner

Ich, Henner Rößner (Jahrgang 1936) wurde nach achtjähriger Schulzeit als Sohn eines Architekten (kein Arbeiter-oder Bauernkind unter der *Diktatur des Proletariats*) in Thüringen nicht auf die *Oberschule* zugelassen. Da wir in Alsfeld Verwandte hatten, fuhr ich als 14-Jähriger mit meinem älteren Bruder mit dem Rad in den Westen. Erst nach mehr als einem Jahr, das ich als Knecht auf einem Bauernhof in der Schwalm und in mehreren Kinderheimen verbrachte, gelang die Aufnahme auf die Aufbauschule in Friedberg. In den Sprachen tat ich mich naturgemäß sehr schwer, da wir in der *Zone* in Thüringen nur in Russisch unterrichtet wurden und ich Englisch und Latein nachholen musste.

In Latein brauchte ich immer einen Ausgleich um weiterzukommen. Dies war mir im 12. Schuljahr nicht geglückt, sodass ich also erst 1959 mit 23 Jahren mein Abitur geschafft hatte. (Sieben Jahre Lateinunterricht hatten trotzdem merkwürdigerweise ausgereicht, um mir im Abi-Zeugnis das *Große Latinum* zu bescheinigen) In den Ferien fuhr ich immer per Rad oder Anhalter zu meinen Eltern nach Thüringen, im Winter waren Skier an der Grenze für mich deponiert. Die Grenze war damals an gewissen Stellen noch *durchlässig*, aber es war immer ein großes Abenteuer. Einmal wurde ich von Vopos, die einen Warnschuss abgege-

ben hatten, erwischt, und ich durfte eine Nacht in der Zelle verbringen, bevor sie mich zu meinen Eltern weiterbefördert haben.

Nach dem Abi studierte ich Bauingenieurwesen an der Technischen Hochschule Darmstadt, bekam eine Stelle in einem Büro
für Baustatik in Bad Vilbel, was ich dann später, nachdem ich
noch die Prüfung zum Prüfingenieur absolviert hatte, übernehmen
konnte.

1965 heiratete ich meine Frau Kristin, bin nun im 55. Jahr
glücklich mit ihr. Kinder wurden uns leider nicht geschenkt.

1970 bauten wir ein Haus in Karben, in dem wir uns noch heute wohlfühlen. Leider haben sich bei mir Parkinson und Polyneu-
ropathie entwickelt, die ich aber hoffentlich mit Hilfe von Medi-
kamenten in Schach halten kann. Wir genießen zusammen einen
aktiven Alltag, gehen gern in Konzerte oder in die Oper, wobei
wir ausgiebig die Möglichkeiten des kulturellen Angebots des
Großraums Rhein/Main nutzen und verbringen viel Zeit in der
Natur.

Hans Schäfer

Hans wurde am 28. Oktober 1938 in Gießen als älterer von zwei Brüdern geboren. Sein Vater war in Gießen als Arzt tätig. Dort wohnte die junge Familie, bis sein Vater eingezogen wurde. Seine Mutter zog dann mit den Kindern nach Aßlar in ihr Elternhaus, wo Hans seine Kindheit verlebte. Eingeschult wurde er im Herbst 1944 in Aßlar. Die Nachkriegsjahre verbrachte er dort bis zu seinem Schulwechsel 1952 nach Friedberg.

1950 traf ihn und seine Familie ein schwerer Schicksalsschlag. Seine Mutter starb im Alter von 37 Jahren nach schwerer Krankheit. Sein Vater hatte nach der Rückkehr aus der Gefangenschaft eine Praxis in Aßlar eröffnet. So konnte die Familie auch nach dem Tod der Mutter weiter im Haus der Großeltern versorgt werden.

Der Übergang in das Friedberger Internat fiel ihm sehr schwer. Von früher Kindheit an war er besonders Tieren sehr zugetan. Auf Grund der jagdlichen Passion seines Vaters war er früh mit Feld, Wald, Tieren und Pflanzen vertraut. Er trat in seine Fußstapfen. Diese Neigung bestimmte sein Leben weiterhin in hohem Maße. Konfirmiert wurde er 1953 in Aßlar.

1957 verließ er die Friedberger Schule, um in Gießen die einjährige Höhere Handelsschule zu besuchen. Eine kaufmännische Lehre bei einer Gießener Baufirma schloss sich an. Nach der Abschlussprüfung trat er in die Firma *Steinwerke Schmidt* in Aßlar, den großelterlichen Betrieb, ein. Da die Zusammenarbeit mit dem Geschäftsführer, seinem Onkel, nicht gelang, verließ er die Firma nach kurzer Zeit. Der nächste berufliche Schritt führte ihn nach Düsseldorf zur Firma *Henkel*, für die er als Vertreter Süddeutschland und Nordrhein-Westfalen bereiste.

1963 lernte er mich, die Gießenerin Doris Ziegler, kennen und lieben. Die Hochzeit fand im März 1965 statt. Zu diesem Zeitpunkt beschloss er, seine unruhige Berufstätigkeit aufzugeben, und er bewarb sich erfolgreich als Anwärter bei der Bundesvermögensverwaltung. Nach dem Abschluss der Fachausbildung 1968 arbeitete er bis zu seiner Pensionierung im Jahr 2000 beim Bundesvermögensamt in Gießen.

Drei Kinder vervollständigten inzwischen die Familie, zwei Söhne und eine Tochter. Hans pflegte auch weiterhin seine jagdlichen Neigungen und züchtete in den Folgejahren zwölf Würfe der Hunderasse Pudelpointer. Ab dem 40. Lebensjahr hatte er zunehmend gesundheitliche Probleme (Asthma u. a.). Häufige Aufenthalte in Davos und auf der Nordseeinsel Pellworm, oft auch in einer Klinik, waren nötig. Ein langgehegter Traum von Hans, die Reise nach Kanada, konnte 2002 trotz angegriffener Gesundheit noch stattfinden.

Nach dieser Reise zog er sich langsam aus der Jagd zurück. Als der letzte Hund gestorben war, verabschiedete er sich auch von der Tierhaltung. Ein neues Hobby machte ihm noch einige Jahre viel Freude: das Bearbeiten von Holz, besonders das Schnitzen von Wanderstöcken, mit denen er viele Freunde beschenkte.

Am 24. März 2018 starb Hans nach einer schweren Operation und an den Folgen seiner jahrelangen Leiden.

Doris Schäfer

Dieter Schmidt

Ich bin am 19.02.1937 als sechstes Kind der Eheleute Albert und Annemarie Schmidt in Wilhelmshaven geboren. Mein Vater war dort als Marineamtmann stationiert. Im Dezember 1940 verunglückte er im Dienst tödlich, und wir zogen in sein Anwesen nach Stockhausen/Lahn. Dort besuchte ich von 1943 bis 1950 die Volksschule.

In der Zeit von 1951 bis 1958 war ich Internatsschüler am Aufbaugymnasium Friedberg. Mit der *Primareife* verließ ich die Lehranstalt vorzeitig und absolvierte in verkürzter Lehrzeit eine Ausbildung als Krankenpfleger im Stadtkrankenhaus in Wetzlar. Es folgte eine Ausbildung als Sozialarbeiter in Frankfurt am Main sowie anschließend die praktische Ausbildung im hessischen Strafvollzug und in der Familienfürsorge. 1963 erhielt ich die Staatliche Anerkennung als Wohlfahrtspfleger, auf die nach 10 Jahren die Nachgraduierung als Sozialarbeiter folgte.

Bis 1966 arbeitete ich als Sachberater beim Berufsförderungsdienst in der Wehrbezirksverwaltung Koblenz. Durch Lehrveranstaltungen an der Verwaltungs- und Wirtschaftsakademie Koblenz bildete ich mich weiter. Ich trat als Fachanwärter der Berufsberatung in den Dienst der Arbeitsverwaltung und qualifizierte mich 1968 als Berufsberater. Bis 1969 arbeitete ich als Anstaltsfürsorger im Landgerichtsgefängnis Gießen. Eine Ausbildung zum Fachlehrer an der Berufsbildenden Schule in Wissen und ein sonderpädagogisches Studium an der Erziehungswissenschaftlichen Hochschule Rheinland-Pfalz in Mainz schloss ich mit der Staatlichen Prüfung für das Lehramt an Beruflichen Sonderschulen ab. Nach der Aufstiegsprüfung für den höheren Dienst 1976 wurde ich zum Studienrat ernannt, 1979 zum Oberstudienrat befördert. 1981 wurde ich Studiendirektor. 2001 wurde ich pensioniert. Seit 1959 mit Franziska verheiratet. Wir haben fünf Söhne. Seit einem Jahr bin ich verwitwet.

In den Sommerferien durchquerten meine Frau und ich im Hausboot auf Flüssen und Kanälen Deutschland und Frankreich. Während ich am Ruder stand, bewährte sich Franziska als *Smutje*.

Nach meiner Pensionierung hatte ich viel nachzuholen und ging auf Spurensuche. Mein Vater war während des Boxeraufstandes 1900 als Sergeant in einer Pioniereinheit in China stationiert. 2014 ließ ich mich auf ein längst überfälliges Abenteuer ein, als ich mit einer deutschen Gruppe nach Tsingtau reiste. Als einziger direkter Nachkomme eines deutschen Soldaten wurde ich zum Star, als ich das Fotoalbum meines Vaters herumzeigte.

2018 reiste ich nach Kanada, wohin mein ältester Bruder Albert nach dem 2. Weltkrieg ausgewandert war. – Und noch einmal lockte das große Wasser. Ich begab mich auf die Hurtigruten, um Norwegen mit seinen Fjorden und den Polarkreis zu erkunden.

Die Kunst war mir schon immer sehr wichtig gewesen, nicht zuletzt inspiriert durch meine Schwester Ruth Schmidt-Stockhausen, die eine erfolgreiche Künstlerin geworden war. Aber während meiner beruflichen Laufbahn hatte ich nie dafür Zeit gefunden. Nun in meinem Ruhestand stürzte ich mich auf das neue Metier. Ohne Vorbilder begann ich als Autodidakt zu zeichnen und zu malen. Dabei hatte ich keine Vorbilder und wollte mich auch auf keinen Stil festlegen. Nur durch eigenes Experimentieren bin ich vorangekommen, und jeden Tag bin ich gespannt, was wohl als nächstes entsteht. Bis auf den heutigen Tag befriedigt mich diese Arbeit und gibt meinem Leben einen Sinn.

Reinhard Schneider

Ich wurde am 20.7.1939 in Gießen geboren. Im Herbst 1945 hätte ich eingeschult werden müssen, kriegsbedingt gab es aber keinen Lehrer. Daher kam ich erst nach Ostern 1946 in Reinhardshain (ca. 300 Einwohner) in die Schule, wo ich in den ersten beiden Schuljahren sieben verschiedene *Notlehrer* hatte. Erst ab dem 3. Schuljahr gab es normalen Unterricht.

Der Übergang zu einem Gymnasium nach dem 4. Schuljahr wäre schwierig gewesen, denn man musste auf Feldwegen 5,5 km nach Grünberg laufen. Fast alle haben diesen Weg mit Wintereinbruch abgebrochen. Ich besuchte also weiterhin das 5. und 6. Schuljahr in Reinhardshain. Der Sohn unseres Hausarztes überredete meine Eltern, mich an der Aufbauschule in Friedberg anzumelden.

Im April 1959 begann ich mein Lehramtsstudium am Pädagogischen Institut in Weilburg (Wahlfach Mathematik). Das Stadtschulpraktikum leistete ich 1960 in Gießen (7. Schuljahr), das Landschulpraktikum 1961 in Reiskirchen (3. und 4. Schuljahr) ab. Das Studium endete 1962 mit der Ersten Staatsprüfung.

Am 1.4.1962 trat ich meinen Dienst an der Volksschule in Obbornhofen an. Ich hatte das 1., 3. und 4. Schuljahr mit 52 Schülern zu unterrichten. 1963 bekam ich die Klassen 1–4. Mit 65 Schülern war dies die größte Klasse in ganz Hessen.

1964 wurde die Schule zur Grundschule, ich hatte nur noch die

Jahrgänge 1 und 2, musste aber noch Unterricht in Ober-Hörgern und Eberstadt (jeweils 11 km entfernt) übernehmen.

1965 legte ich mein Zweites Staatsexamen ab. In diesem Jahr feierten Karin Zimmer und ich unsere Hochzeit. 1969 wurde unser Sohn Oliver, 1972 unsere Tochter Ina geboren.

Ab 1967 war die Schule nur noch einklassig (47 Schüler), und ich wurde Schulleiter. 1968 wurde ich Beamter auf Lebenszeit und 1970 zum Hauptlehrer ernannt. In den Jahren 1969 bis 1972 nahm ich an der AfE (Abteilung für Erziehungswissenschaften an der Universität Gießen) an einem Zusatzstudium in Chemie teil, das ich 1972 und 1974 mit Prüfungen abschloss.

1973 sollte die Schule aufgelöst werden (zu wenige Schüler); eine Kooperation mit der Nachbarschule Bellersheim konnte dies verhindern. Wir waren drei Lehrer und hatten vier Jahrgangsklassen an zwei Standorten. Da die Schülerzahl 1975 an jedem der beiden Standorte auf unter acht sank, fiel auch meine Hauptlehrerstelle weg. Man hat mir zwei Ersatzstellen (ca. 20 km entfernt) angeboten, die ich ablehnte. Ab sofort war ich Hauptlehrer a. D.

Im Jahre 1976 begannen wir, hier in Obbornhofen unser Haus zu bauen; im Juli 1977 zogen wir ein.

1986 wurden die beiden Standorte zu einer Schule zusammengelegt. Unter meinem Nachfolger als Schulleiter wurde unsere Grundschule 1994 eine *Jena-Plan-Schule* (ein Reform-Modell aus dem Jahre 1927).

Da ich seit Mitte der 1980er Jahre nur noch mit Lupen lesen konnte, wurde ich auf meinen Antrag hin zum 31.7.1999 nach 37 ¼ Dienstjahren in den Ruhestand versetzt.

Karin und ich sind viel mit den Kindern gereist. Später unternahmen wir Studienreisen in 23 Länder Europas und nach Israel. In den Jahren 1999–2006 haben wir an mehrtägigen Radtouren in Deutschland, Österreich, Ungarn und den Niederlanden teilgenommen. Seit 2011 fahre ich mit einem E-Bike, jedoch nur noch hier in der Umgebung.

Axel Schönfeld

Ich bin am 9. Januar 1939 in Krefeld geboren. Nach Kriegswirren und Verlust meiner Eltern wuchs ich im Weil-Tal bei einer Tante auf und ging von 1950 bis 1956 in Weilburg/Lahn aufs humanistische Gymnasium. 1957 wechselte ich an das Aufbaugymnasium in Friedberg, das mein Vetter Günther Kisters bereits besuchte. Bis 1959 lebte ich dort im Internat.

Nach dem Abitur studierte ich zunächst 6 Semester Physik an der Universität Frankfurt am Main. Ich setzte das Studium an der Freien Universität Berlin fort und schloss es 1965 mit dem Diplom ab. 1970 promovierte ich im Fachbereich Chemie der Freien Universität Berlin mit einer polymerphysikalischen Arbeit. Zwischen dem Diplom und dem Beginn der Dissertation (1966) hielt ich mich für ein Jahr als Praktikumsassistent mit einem spanischen Stipendium an der staatlichen Universität in Madrid auf.

Nach einer Assistenzprofessur für Polymerphysik an der Technischen Universität Berlin (1971 bis 1973) und einer Tätigkeit in der Chemischen Industrie (1973 bis 1975) arbeitete ich von 1975 bis zu meiner Pensionierung am Umweltbundesamt in Berlin. Meine Haupt-Aufgabengebiete waren unter anderem: Autoemissionen, dabei die Beseitigung der Bleiverbindungen im Benzin sowie der Einführung des Katalysators zur Reduzierung des Kohlenmonoxids, der Kohlenwasserstoffe und der

Stickoxide im Abgas von Benzinmotoren; die Erstellung des 1. Berichtes der Bundesregierung zu Getränkeverpackungen, die Förderung der von Sortierverfahren für gemischte Kunststoffabfälle und zur Verwertung industrieller Abfälle (Gießereialtsande, Entschwefelungsgips aus Kohlekraftwerken, Bauschuttverwertung, Verwertung von Aschen aus Müllverbrennungsanlagen); später Ermittlung des Standes der Technik für Abwassereinleitungen für 60 Industriebranchen zur Vorbereitung bundesrechtlicher Regelungen. Dazwischen war ich von 1979 bis 1983 für die Konzipierung und Durchführung von Programmen im Umweltschutz für Führungskräfte in Entwicklungsländern beurlaubt. Dann gab es von 1995 bis 1997 noch einmal eine Beurlaubung, um dem Berliner Senat zu helfen, ein Konzept für die Bauabfallentsorgung der Stadt gemäß des neuen bundesrechtlichen Kreislaufwirtschafts- und Abfallgesetzes zu entwickeln.

Nach meiner Pensionierung 2001 beriet ich die Türkei bis 2004 bei der Lösung des Klärschlammproblems.

Seit 1971 bin ich mit einer Islamwissenschaftlerin verheiratet. Wir haben zwei Söhne (ein Biochemiker und ein Physiker), und zwei und zwei Enkel im Alter von 7, 8, 10 und 11 Jahren, die uns Großeltern oft herausfordern (was wir uns gerne gefallen lassen).

Seit 1983 wohnen meine Frau und ich in einem von mir selbst gebauten Einfamilienhaus in Berlin.

Helmut Schütz

In Nieder-Wöllstadt, wo die Wetterau am flachsten ist, wurde ich, Helmut Georg Schütz, am 18.03.1938 geboren. Zunächst war meine dörfliche Kinderwelt für mich in Ordnung, denn trotz strenger Erziehung genossen wir Kleinen größte Freiheiten. Da ich in einer Arbeiterfamilie aufwuchs, sollte ich, wie meine beiden älteren Brüder, Handwerker werden. Allerdings bekam ich in der Pubertät die Enge der dörflichen Umwelt zu spüren. Doch dann überredete mich mein Klassenlehrer in der 7. Klasse zu einem Schulwechsel. Das Gymnasium war für mich eine fremde, abstrakte Welt; doch ich versuchte, mit diesem Ortswechsel die Hoffnung auf eine wie auch immer geartete Veränderung zum Besseren zu verbinden.

Und dann hatte ich mit einem Mal das Abitur und war ratlos. Ein Kunststudium wurde mir untersagt, und ein Verwaltungsberuf wäre mir zuwider gewesen. Um mir ein finanzielles Polster und eine Denkpause zu verschaffen, arbeitete ein halbes Jahr auf dem Bau. Danach war mir klar: Nur ein Kurzstudium kann ich mir leisten. Ich entschied mich für ein Volksschullehrerstudium (Wahlfach Kunst) in Jugenheim an der Bergstraße. Es war eine herrliche Zeit mit vielen Freundschaften, in der ich das Lernen mit der Arbeit im Atelier gut verbinden konnte.

Fünf Jahre unterrichtete ich an der Parkschule in Rüsselsheim. 1967 schrieb ich mich an der Uni Mainz in den Fächern Kunstgeschichte, Klassische Archäologie, Philosophie und Pädagogik ein. Ein Jahr später wechselte ich an die Uni Frankfurt. Die 14 Semester zu finanzieren, war nun überhaupt kein Problem, denn als Lehrer bekam ich immer einen Nebenjob in einem Institut.

1974 promovierte ich, und noch in demselben Jahr erhielt ich einen Ruf als Dozent für Kunsterziehung an die Pädagogische Hochschule Esslingen; ab 1977 war ich dort Professor für Kunstpädagogik. 1981 wechselte ich an die PH Karlsruhe auf eine Professur für Didaktik und Geschichte der bildenden Kunst. 2001 wurde ich pensioniert.

Während dieser 27 Jahre arbeitete ich weitgehend selbstbestimmt, sodass es für mich keinen Unterschied zwischen Arbeitszeit und Freizeit gab. Sämtliche Arbeitsfelder, Vorlesungen, Seminare, die Beratung von Studierenden und Doktoranden, Exkursionen, der Austausch mit Museumpädagogen und Künstlern sowie die Forschung, empfand ich als äußerst befriedigend und nie als Belastung. Arbeitsergebnisse wurden laufend fachöffentlich publiziert, kommuniziert und kritisch diskutiert.

Über vier Jahrzehnte hielt ich für kunstinteressierte Laien Vorträge über die Kunst der Neuzeit und der Klassischen Moderne. Neuerdings schreibe ich belletristische Texte, die seit 2017 unter dem Pseudonym Yelmo Schütz im Druck erscheinen.

Ich habe drei erwachsene Kinder: Indira (*1971), Raju (*1973) und Lennart (*1980). Mit den Kindern unternahmen wir Reisen vor allem an die französische Atlantikküste und nach Oberitalien; seither machen wir vor allem Städtereisen.

Nachdem ich 2011 verwitwet war, lernte ich Irmgard Kunert kennen, mit der ich seit 2018 verheiratet bin. Seit vier Jahren betätigen wir uns in einem großen Garten, den wir allmählich in ein kleines ökologisches Paradies zu verwandeln suchen.

Obwohl ich kein Instrument spiele, hat Jazz mich schon immer fasziniert, vor allem Jam-Sessions. Wir besuchen auch regelmäßig Konzerte mit klassischer Musik und gelegentlich Opern.

Ursula Sommer, geb. Kreis

Am 3.1.1938 kam ich, Ursula Brigitte Kreis, verh. Sommer, in Mainz zur Welt. Meine Eltern wuchsen in der Lausitz auf. Mein Vater war Beamter an der Reichsbank in Mainz. Ich besuchte den privaten Kindergarten *Himmelsstübchen*. Meine Eltern nahmen mich schon in früher Kindheit mit in den Dom zur Hl. Messe.

Die ersten Jahre meiner Kindheit waren unbeschwert, denn der Krieg hatte noch keine besonderen Auswirkungen. Als ich 1944 eingeschult wurde, konnte ich aber wegen der Bombenangriffe nicht in meine Schule gehen, da sie zu einem Lazarett umfunktioniert worden war. Wir verbrachten viel Zeit im Luftschutzkeller. Als die Bombenangriffe bedrohlich zunahmen, schickte mein Vater uns im Herbst in die Lausitz zu meinem Großvater. Die Front rückte dort immer näher, die Artillerie raubte uns den Schlaf. Weiter ging es in den Harz zu Verwandten. Wir erlebten den Wechsel, zuerst kamen die Amerikaner, später die Russen.

Mein Vater war im April 1945 gestorben. Wir hatten alles verloren und standen vor dem Nichts. Auch in Mainz war alles zerstört.

Im Herbst 1945 wurden meine Mutter und ich ausgewiesen, meine Schulzeit war nur eine Episode. Wir landeten schließlich in Reiskirchen, die Franzosen hatten uns abgewiesen, wir konnten nicht zurück nach Mainz, auch nicht in die Lausitz. In Reiskirchen kam ich dann 1946 endlich zu einem geregelten Schulunterricht.

Nach dem sechsten Schuljahr machte ich in Friedberg auf Anraten meiner Lehrer die Aufnahmeprüfung. Von drei Plätzen im Mädcheninternat bekam ich einen Platz. Mir gefiel es auf Anhieb in Friedberg. In der Volksschule in Reiskirchen hatte ich schon zwei Jahre Englisch gelernt, das war für mich sehr gut. Im Heim wohnten wir recht spartanisch.

Mit der Mittleren Reife verließ ich Friedberg 1956. Im selben Jahr lernte ich meinen späteren Ehemann Walter kennen; wir heirateten 1960. Kurz hintereinander wurden uns 1961 und 1963 zwei Kinder geschenkt, zuerst ein Mädchen, dann ein Junge. 1964 bezogen wir unser eigenes Haus in Saasen. Ich arbeitete in einem Fotolabor und danach im Personalbüro der US-Armee in Gießen. Da waren meine Englischkenntnisse sehr zum Vorteil.

Zur Hochzeit hatte uns meine Mutter eine Hl. Schrift geschenkt. Dieses Buch ließ mich nicht mehr los. 1971 lernte ich unseren neuen Pfarrer kennen, mit dem ich einen Helferkreis gründete, der sehr schnell wuchs. Nach theologischen Weiterbildungsseminaren leitete ich ab 1978 Wortgottesdienste. Später machte ich eine Predigerausbildung und erhielt die Erlaubnis, auch in ökumenischen Gottesdiensten zu predigen. Das hat inzwischen Tradition in Saasen, wo ich 42 Jahre mit meiner Familie gelebt habe. Ich hatte auch eine Frauengruppe dort gegründet, die dann in der Frauenhilfe aufging. Später kamen dann der Dienst der Krankenkommunion und die Geburtstagsbesuche dazu. 1999 starb meine geliebte Mutter. Nach ihrem Tod trat ich in den Kirchenchor ein.

Mein Mann unterstützte mich in jeder Hinsicht, und nur so war ich in der Lage, ab 1981 meinen Beruf aufzugeben, um mich ganz meiner Familie und meinem Ehrenamt zu widmen. Schon 1988 starb mein Mann an einem Herzinfarkt. – Die Arbeit in der Gemeinde macht mir weiterhin Freude, und ich betrachte sie als ein Geschenk.

Wolfgang Widemann

Wolfgang wurde am 14. Januar 1940 in Aachen geboren. Hier war sein Vater als Soldat stationiert, den er im Alter von drei Jahren zum letzten Mal sah. Am Kriegsende galt der Vater als vermisst, und er wurde schließlich für tot erklärt. Die Mutter betrieb in Groß Garz in Sachsen-Anhalt einen kleinen Lebensmittelladen. Als viele private Geschäfte zwangsenteignet wurden, floh sie 1953 mit den beiden Söhnen in den Westen. Über verschiedene Flüchtlingslager fanden sie schließlich in Nieder-Rosbach eine Bleibe.

Auf Empfehlung des Klassenlehrers konnte Wolfgang an die Aufbauschule nach Friedberg wechseln. Seine Russisch-Kenntnisse aus der DDR nützen ihm hier nichts; stattdessen musste er ein Jahr Englisch nachholen.

Nach dem Abitur studierte Wolfgang Maschinenbau an der Technischen Hochschule in Darmstadt. Er beteiligte sich an der Betreuung ausländischer Studenten, und hier begegneten wir uns, denn ich studierte Biologie an der TH Darmstadt. Wir lernten uns kennen und lieben, und 1967 heirateten wir auf Schloss Kranichstein. – Vor der Hochzeit waren wir zu einer Kennenlernreise nach Teheran geflogen. Mein Bruder Ardeshir bot Wolfgang an, bei dem Aufbau einer Glaswollefabrik mitzuwirken. Aus den zunächst geplanten drei Monaten wurden am Ende zwölf Jahre, denn Wolfgang hatte großen Gefallen an den Menschen, der Sprache, der Kultur und dem Land gefunden. Dass er sprachbegabt war, hatte sich schon in der Schulzeit gezeigt. Doch dass er innerhalb von sechs Monaten persisch sprechen und schreiben lernte, war erstaunlich.

Nachdem wir in den ersten zehn Jahren siebenmal umgezogen waren, entschlossen wir uns, mit unseren drei Kindern für immer in Persien zu bleiben. 1977 zogen wir in unser eigenes Haus. Als die Situation im Zuge der Revolution prekär wurde, übernahm Wolfgang die Stelle eines Repräsentanten von Blohm & Voss in Hongkong. Zunächst sollte die Familie nur vorübergehend einmal aus der *Schusslinie* der Revolutionäre kommen. Aus geplanten zwölf Monaten wurden schließlich neun Jahre in Hongkong. Der Verlust von Hab und Gut in Teheran hat Wolfgangs Beziehung zu materiellen Gütern maßgeblich verändert.

Im Auftrag der Firma hatte Wolfgang die gesamte Region zu bereisen, und er fand selber Gefallen am Reisen, sodass er beschloss, auch seiner Familie die Welt zu zeigen. Noch heute schwärmen unsere Kinder von Ferien in Südostasien, den USA, in Neuseeland, der Südsee und den Malediven. So hat Wolfgang aus seiner Familie *truly global citizens* gemacht. War er bisher wenig zu Hause gewesen, so lernten die Kinder den Vater auf Reisen von einer ganz anderen Seite kennen: seine Offenheit für Neues, seine beachtliche Toleranz und nicht zuletzt die Gabe, auch kleine Dinge in größere Zusammenhänge zu stellen und umgekehrt Großes mit feinsinnigem Humor zu relativieren.

Unser letzter Wohnsitz im Ausland war Jakarta gewesen. Als Wolfgang 2001 seine Berufstätigkeit beendete, fanden wir in Maikammer ein schönes Haus, das wir zusammen mit der Familie unserer Tochter Sabrina bezogen.

Wolfgang war auch an Musik interessiert, vor allem an Jazz, und er versuchte, seine Begeisterung auch an seine Kinder weiterzugeben. Mit großer Energie übte er Trompete, um sich auf dem Wege der praktischen Ausübung diese Kunst zu erschließen.

Wolfgang starb am 15. Juni 2017.

Homa Widemann

Manfred Wolf

Geboren am 16.08.1938 in Bad Nauheim, aufgewachsen in unserem familiär geführten landwirtschaftlichen Betrieb in Rockenberg, besuchte ich dort die Volksschule bis zum 7. Schuljahr, unterbrochen von einem Gastschuljahr in der 5. Klasse im damaligen Anspach, wo ich bei meinen Großeltern lebte.

Nach der Volksschule wechselte ich in die Aufbauschule in Friedberg, die ich mit dem Abitur abschloss. Schon früh stand für mich fest: Ich will Abitur machen, studieren und Lehrer werden, geprägt durch erste *pädagogische Vorerfahrungen* im Umgang mit straffällig gewordenen Jugendlichen in der Jugendstrafanstalt Rockenberg. Für uns 14/15-Jährige war es ein besonderes Erlebnis, gelegentlich ein *Gefängnis* von innen zu sehen und junge Menschen, die kaum älter waren als wir, ein wenig auf ihrem *Weg in die Zeit danach* positiv zu begleiten.

Ab 1959 studierte ich am Pädagogischen Institut in Weilburg und erfuhr eine sehr gute pädagogische, psychologische und didaktisch-methodische *Allround-Ausbildung* zum Volksschullehrer. Einen Teil des nötigen Kleingelds für Miete und Lebensunterhalt verdiente ich mit vielseitigen Arbeiten in den Semesterferien und in vielen Nachtschichten bei der *Hultsch-Salzstangenfabrik* in Weilburg. – Am 09.03.1962 bestand ich die Wissenschaftliche Prüfung (*Erste Staatsprüfung*) und – nach einem Assistentenjahr am Institut – wechselte ich in die

Schulpraxis in Königstein. Es folgte eine intensive Ausbildungs-zeit als apl. Lehrer und Klassenlehrer.

1963 feierten wir Hochzeit und wohnten nun gemeinsam in Königstein, zunächst zur Miete, später im eigenen Haus.

Die Jahre der Ausbildung mündeten 1966 in die *Zweite Staats-prüfung.*

1967 wurde unsere Tochter geboren.

1971 wurde ich zum Konrektor und 1974 zum Rektor der Haupt- und Realschule in Königstein ernannt, war über viele Jah-re in der Lehrerausbildung sowie im *Arbeitskreis Schule-Wirt-schaft* tätig und durfte eine bis heute bestehende intensive Schul-partnerschaft mit Le Mêle s.Sarthe in Frankreich aufbauen.

Nach der 1977 erfolgten Organisationsänderung zur schul-formbezogenen Gesamtschule mit Oberstufe (weit über 2.000 Schülerinnen und Schüler) wurde ich zum Pädagogischen Leiter derselben ernannt.

Die wohl schwierigste Herausforderung begann im Herbst 1990 mit der zweijährigen Asbestsanierung, die u. a. mit Auslage-rungen in den Altbau und die 11 km entfernte Gesamtschule Stierstadt verbunden war.

1996 wurde die Gesamtschule aufgelöst. Es entstand wieder eine Haupt- und Realschule (Friedrich-Stoltze-Schule), deren Lei-tung mir übertragen wurde. Die hiermit verbundenen Aufgaben waren sehr vielfältig, machten sehr viel Freude und umfassten u. a. auch die umfangreiche Sanierung des gesamten Altbaus.

In einer sehr bewegenden Feier, die mir immer in Erinnerung bleiben wird, wurde ich am 30.01.2004 dienstlich verabschiedet.

Seitdem befinde ich mich im Ruhestand, den ich zusammen mit meiner Frau und mit großer Dankbarkeit für inzwischen 56 gemeinsame Jahre zuhause und in gelegentlichen Urlauben genie-ße. Gewisse altersbedingte gesundheitliche Bedrängnisse tragen wir mit Fassung und versuchen, aus allem das Beste zu machen.

Horst Wolfheimer

Nach der Flucht aus der DDR besuchte ich seit dem Frühjahr 1953 die Aufbauschule Friedberg, wo ich in der Untertertia Aufnahme fand und 1959 die Abiturprüfung bestand.

Nach dem Abitur ließ ich mich zum 01.04.1959 zur Bundeswehr einberufen. Ich leistete den verlängerten Wehrdienst bis zum 30.09.1960 ab und schied als Leutnant der Reserve aus. Nach weiteren Wehrübungen erfolgte die Beförderung zum Oberleutnant.

Seit dem Wintersemester 1960/61 war ich an der Johann Wolfgang von Goethe-Universität in Frankfurt/Main eingeschrieben und begann mit dem Jurastudium, das ich am 4.02.1966 mit der Ersten Juristischen Staatsprüfung abschloss.

Am 17.10.1969 legte ich die Zweite Juristische Staatsprüfung mit Erfolg ab. Bereits am 17.11.1969 erfolgte die Ernennung zum Gerichtsassessor. Ich war zunächst beim Landgericht, später beim Amtsgericht Frankfurt/Main tätig.

Während des Studiums und der Referendarzeit war ich daneben mit der Anfertigung einer Dissertation aus dem Bereich des Arbeitsrechts beschäftigt. Leider erschien im weiteren Verlauf in Berlin eine Dissertation zu derselben Thematik, sodass ich dieses Projekt schließlich aufgab.

Im September 1966, während der Referendarzeit, heiratete ich Ulla, meine erste Frau. Wir wohnten damals in Bad Homburg. Am 10.07.1969 kam unser Sohn Nik zur Welt.

Mit Wirkung vom 20. November 1972 erhielt ich die Ernennung zum Richter auf Lebenszeit. Danach war ich bis zu meiner Pensionierung im Juni 2004 als Ermittlungsrichter beim Amtsgericht Frankfurt/Main tätig. Es war eine abwechslungsreiche, verantwortungsvolle und fordernde Tätigkeit, die zügig zu treffende Entscheidungen auch im Bereich der Untersuchungshaft einschloss und die oftmals im Blickpunkt der Öffentlichkeit und der Presse stand.

Ulla und ich haben uns 1972 einvernehmlich scheiden lassen. Die zweite Ehe mit Anita verschlug mich dann 1973 zunächst nach Dietzenbach und später nach Ober-Mörlen. Sven, Anitas Sohn aus erster Ehe, wuchs bei uns auf.

Inzwischen wurde 1975 unsere Tochter Anja geboren. Ab 1984 wohnten wir in unserem Haus in Rosbach v. d. H.

Im Jahr 2001 zog es Anita und mich nach Nordhessen, wo unsere Tochter 1997 ihr Eheglück gefunden und im April 1998 ihren Sohn Fabian zur Welt gebracht hatte. 2002 errichteten wir ein neues Haus in Niederaula.

Nach meiner Pensionierung fühlte ich mich rüstig genug, beruflich noch einmal durchzustarten. Ich erwirkte im Jahr 2004 meine Zulassung als Rechtsanwalt beim Landgericht Fulda und arbeitete dann mit Schwerpunkt Strafverteidigung mehrere Jahre in verschiedenen Anwaltskanzleien. Es war nochmals eine spannende und auch kräftezehrende Epoche in meinem Leben.

In früher Jugend begann ich, Tasteninstrumente zu erlernen und Posaune zu blasen. Ab Mitte der 1950er Jahre durfte ich dann in verschiedenen Bands erfolgreich mitwirken. Ich nehme auch heutzutage sehr oft eines meiner Tasteninstrumente zur Hand, um zu musizieren. Darüber hinaus beschäftige ich mich damit, mein Wissen über historische Zusammenhänge anhand von Sachbüchern zu vertiefen.

Ben, Anjas jüngster Sohn, ist körperlich und geistig behindert zur Welt gekommen. Ihm gilt unsere ganz besondere Sorge.

15 Klassentreffen

Erstes Klassentreffen 1964

Vermutlich trafen wir uns am 11. Oktober im Café Rosenschon in Friedberg. Wir gingen dann am Abend in die Burg zu unseren Autos, um nach Hause zu fahren. Hier trafen wir zufällig auf Herrn Schwarz, den Hausmeister des Aufbaugymnasiums. Den Fotos nach zu urteilen muss es schon später Abend gewesen sein. Anscheinend ließ Herr Schwarz uns einen Blick ins Schulhaus werfen, und er muss uns wohl auch die Turnhalle aufgeschlossen haben, wo Dieter Grumpe an einer Kletterwand seine Fitness unter Beweis stellte.

Edeltraud, Gunther, Helmut, Walter, Dieter Schmidt, Margit

Margit, Dieter G., Reinhard, Karin, Henner, Rolf, Edeltraud

Gunther, Walter, Willi, Helmut, Ernst

Dieter Grumpe, Reinhard, Karin, Henner

Durchs nächtliche Friedberg

Beratung: Wohin gehen wir noch?

Unerwartetes Wiedersehen mit Herrn Schwarz

Walter Boss: Eintrag in die Adressenliste

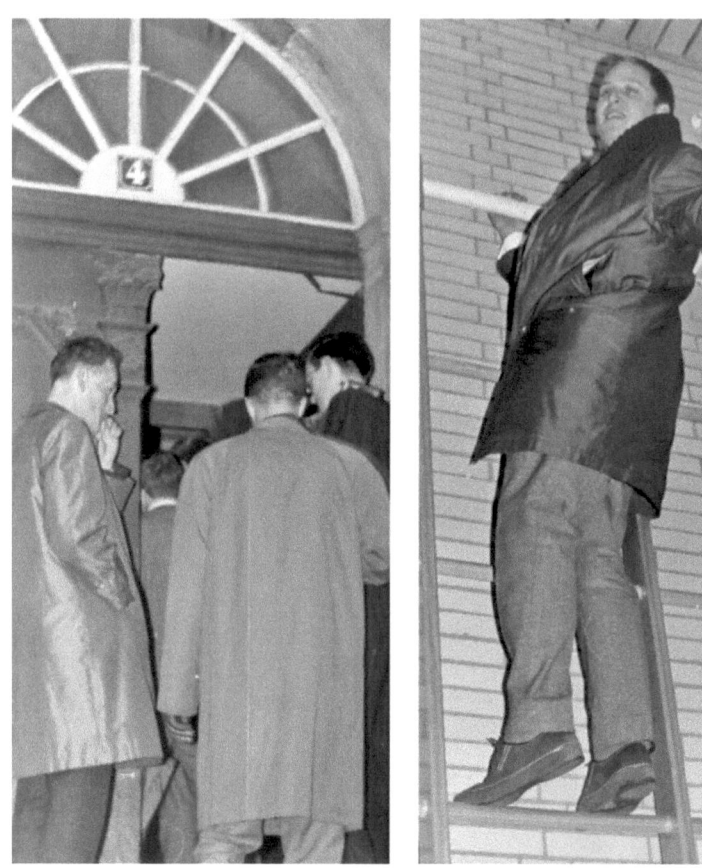

Bei Nacht ins Schulhaus und in die Turnhalle eingedrungen.

Zweites Klassentreffen 1969

Unser zweites Klassentreffen im Oktober 1969 stand ganz im Zeichen des Besuchs unseres letzten Klassenlehrers, Herrn Erhard Allendörfer, der uns, vor einem Jahrzehnt noch Studienassessor, zum Abitur geführt hatte.

Erhard Allendörfer, unser letzter Klassenlehrer, wird freudig begrüßt.

Herr Allendörfer scheint sich wohlzufühlen unter den Ehemaligen.

Helga, Walter, Kathi, Margit

Dieter, Willi, Manfred

Theo, Rolf, Edeltraud

Ernst, Manfred

Drittes Klassentreffen 1972

Das Treffen am 6. Mai 1972 fand außerhalb der Reihe statt. Es traf zusammen mit dem Fest zum 50-jährigen Bestehen des Aufbaugymnasiums. Ernst Köstler erinnert sich daran, im Hotel Trapp gewesen zu sein und an der Besichtigung des Römerbads teilgenommen zu haben. Er vermutet aber, dass wohl niemand von beim Festakt in der Burgkirche war.

Fest zum 50jährigen Bestehen des Aufbaugymnasiums
Theateraufführung der 9 c (Leitung Frau Schwennbeck) für die Eltern.
Festakt in der Burgkirche. Festvortrag Dr. Worret: Aspekte der internationalen Währungssituation.
Umrahmung durch das Orchester. Viele Ehrengäste.
Begrüßung durch Dr. Michel und Dr. Noisser.
Hauptversammlung der Ehemaligen Aufbauer.
Ausstellungen und Vorführungen (Physik, Chemie, Computer-Rechnen, Sprachlabor) und Führungen durch das Römerbad.
Festball in allen Sälen des Hotels Trapp.

Bei dem Festprogramm hat offenbar niemand von uns fotografiert. Es existieren lediglich Fotos von dem Treffen am nächsten Tag bei Theo Hess in Ockstadt. Hier gab es, so erinnert sich Axel Schönfeld, ein sehr leckeres Gulaschsüppchen.

Bei Theo zu Gast: Margit, Karin, Reiner, Kathi

Reinhard, Axel, Veronika, Theo

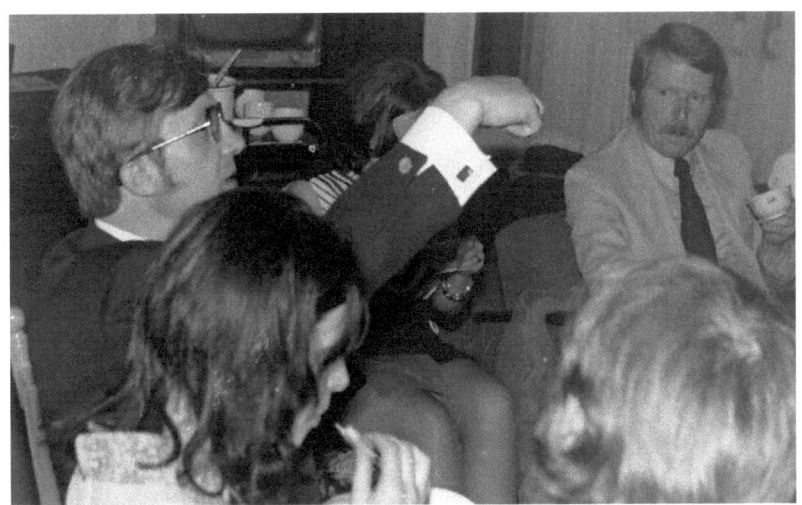

Theo richtungsweisend

Margit, Gunter, Veronika, Artur

Scheinbare Schieflage

Dieter, Reinhard, Axel, Veronika, Theo, Rainer

Viertes Klassentreffen 1979

Ernst Köstler
Königsberger Str. 23
6333 Braunfels
Tel. 06442-4614

Dezember 1978

Liebe Klassenkameraden!
(Abiturjahrgang 1959)

20 Jahre sind nun fast vergangen seit unserem Abitur im Februar
1959. Sicher ein Anlaß zu einem Wiedersehen. Ich lade Euch aus
diesem Anlaß zu einem Treffen nach Friedberg ein. Die Einladung
gilt natürlich auch für die Mitschüler, die nicht bis 1959 in
unserem Klassen waren.
Leider habe ich von den meisten von Euch keine gültige Adresse.
Ich schicke deshalb jedem gleich drei Einladungen mit der Bitte,
die beiden zusätzlichen an Euch bekannte Adressen weiterzugeben.
Wenn jemand auf diese Weise die Einladung doppelt erhält, so mög
er das als Verpflichtung ansehen.
Ich schlage als Termin Samstag, den 24.3.1979 17.oo Uhr vor.
Das Lokal gebe ich dann in einem zweiten Schreiben im März
rechtzeitig bekannt. Vielleicht kommt auch von Euch ein Vorschlag
Bitte Adresse deutlich angeben. Ich wäre auch dankbar, wenn Ihr
mir Adressen von ehemaligen Lehrern schicken könntet, z.B. von
Dr. Kanz, Allendörfer, Stock, Wagner u.a.

Es grüß Euch verbunden mit guten Wünschen für Weihnachten und
das Jahr 1979   *Euer Ernst*

Ich nehme mit --- Personen an dem Treffen teil   nicht tei
Ich kenne die Adresse folgender ehemaliger Schüler, bzw. Lehrer.
Name: Anschrift:

Wolfgang Biedermann   6350 Bad Nauheim, 21.2. 1979
                                   Friedenstr. 7
                                   Tel. 06032/6313

Lieber Ernst,

Deine Einladung zu einem Klassentreffen habe ich
gerne zur Kenntnis genommen.
Wie Du vielleicht weißt, lebe ich seit 12 Jahren
in Teheran / Iran. Anfang Februar bin ich zu
einer Geschäftsreise nach Deutschland gekommen.
In der Zwischenzeit erfolgte im Iran der Umsturz
des Schah-Regimes durch die Anhänger Khomeinis.
Einzelheiten wurden ja im deutschen Fernsehen
ausführlich dargestellt.
Ich will zunächst bis Anfang März abwarten, wie
sich die dortige Lage entwickelt. Sollte bis dahin
der internationale Flugverkehr wieder aufgenommen
werden, fliege ich nach Teheran zurück.
Falls das nicht möglich ist, werde ich meine Frau
und meine 3 Kinder ebenfalls nach Deutschland
kommen lassen ; sofern das möglich ist, denn meine
Frau hat einen iranischen Paß.

Aus den geschilderten Gründen kann ich meine Teilnahme an dem geplanten Klassentreffen nicht jetzt zusagen. Falls ich zu dem geplanten Termin in Deutschland bin, werde ich natürlich mit meiner Frau daran teilnehmen.

Herr Allendörfer ist übrigens bis vor etwa 3 Jahren für ca 3 Jahre an der Deutschen Schule Teheran gewesen. Wir haben uns nur einige Male getroffen. Die Lehrer blieben dort meistens unter sich! Herr Allendörfer ist ja auch nicht sehr kontaktfreudig. Seine und meine Frau haben sich recht gut verstanden.
Wo Herr Allendörfer jetzt ist, kann ich nicht sagen. Nach den beiden Auslandsaufenthalten in Istanbul und Teheran ist er vermutlich jetzt wieder in Deutschland.

Ich hoffe, wieder von Dir zu hören und verbleibe mit freundlichen Grüßen
Dein Wolfgang

Prof. Dr. Heinrich Kanz – feierliche Anspruche des Gastes.

Bei unserem Treffen 1979 besuchte uns Herr Kanz zum ersten Mal. Danach kam er 2004 noch einmal. Jeden seiner Besuche nutzte er, um in einer feierlichen Ansprache über seine Erfolge als Hochschullehrer und seine Wanderungen zu berichten.

Die Spannung der Zuhörer hält sich in Grenzen.

Wilfried, Anita, Helmut, Horst, Walter; Artur, Günther

Klassentreffen Abiturjahrgang 1959

24.3.79

[handwritten signatures]

(ROLF HOWE)

Fünftes Klassentreffen 1984

Ernst Köstler
Königsbergerstr. 25
6333 Braunfels
Tel. 06442/4614

Liebe Klassenkameraden!

Wie versprochen, melde ich mich
noch einmal vor dem Klassentreffen.

Zur Erinnerung:
Termin: Samstag, 5.Mai, 1984
Treffpunkt: 14.30 U Burgeingang
Ein gutes Glas Wein vor, während
oder nach dem Spaziergang ist
schon gestiftet.
Treffen ab 17.30 U Gaststätte "Goldenes Faß" Friedberg, Haagstr. 43
Tel. 06031/5059

Zugesagt haben:
Hans Rainer Holle, Manfred Richter, Horst Wolfheimer, Artur Mom-
berger, Theo Hess, Reinhard Schneider, Ernst Köstler, Hans Schäfer,
Siegbert Brückner, Wolfgang Widemann (Noch nicht ganz bestimmt),
Horst Garbe, Edgar Hofmann, Gunther Lindenthal, Dieter Schmidt,
Dieter Grumoe, Rolf Pausch, Wilfried Seipp

Eine ganze Reihe von Euch hat noch nicht geantwortet. Der Brief an
Helmut Schütz kam zurück. Vielleicht weiß jemand die Adresse. Ich
nehme also fest an, daß sich die Zahl der Teilnehmer noch kräftig
erhöhen wird. Aus terminlichen Gründen haben abgesagt: Herr Prof.
Dr. Knaz, Herr Allendörfer, Henner Rößner, Werner Eigler.
Ich selbst bin erst ab 30.4.84 wieder telefonisch erreichbar.

Ich wünsche unserem Treffen vollen Erfolg! *Helft mit!*

Es grüßt Euch

Euer Ernst

Vor dem Burgtor

Am Burgbrunnen mit einem Wein Jg. 1959, spendiert von Hans Reiner

Waldemar Stockh, der beliebte Lateinlehrer, wird begrüßt.

Angeregte Diskussion

Klassentreffen 5. 5. 84

1. Ernst Köstler, Königsberger Str. 23, Braunfels, 06442-4614
2. Edgar Hoffmann, Friedrich Ebert Str. 45, 6520 Worms, 06241-57856
3. Dieter Schmidt, Bahnhofstr. 24, 6337 Leun-Hahn, 06473-545
4. Axel Schönfeld, Tambacher Str. 14B, 1000 Berlin 46, 030-7751465
5. Günther Kisters, Malss-Str. 18, 6000 Frankfurt 1, 0611-564681
6. Günther Lindenthal, Kapellenstr. 18, 7238 Oberndorf, 07423/3944
7. Theo Iser, Pfingstbrunnenstr. 16, 6360 Friedberg-Ockstadt, 06031/4744
8. Wolfgang Widemann, 36, Belleview Drive 5/F, Repulse Bay Garden, (Telefon: 5-459906) Hongkong
9. Werner Stöckl, Lindenstr. 6, 6140 Bensheim 1, T. 06251/73 624
10. Horst Günther, Fichtenweg 5, 6316 Langsdorf, Tel 06403/3555
11. Hans-Rainer Holle 638 Bad Homburg vd. H., Römerstr. 26b
12. C. Dietrich Grumpe, Sömmeringstr. 27, 6 Ffm 1, 0611-571854
13. Rainer Schneider, 6303 Hungen-Obbornhofen, Auf der Bernola 14, 06036/2906
14. Manfred Richter, K-Adenauer Str. 8, 6395 Geschwenda 3, 06081/14117
15. Wilfried Seiff, Kastanienweg 19, 6313 Homberg 2, 06633/1424
16. Hans Schäfer, Marienstr. 7, 6334 Breidenbach, 06464/11456
17. Rolf Pausch, Kleiststr. 4, 5060 Bergisch Gladbach 1, 02204/81395
18. Siegbert Brückner, Bahnhofstr. 39, Breidenbach, Tel. 5574/2579

Sechstes Klassentreffen 1989

Ernst Köstler   Braunfels, 5.9.89
Königsberger Str. 23
6333 Braunfels
    Tel 06442 - 4614

Liebe Klassenkameraden!
(Abiturjahrgang 1959)

Eine ganze Reihe von Zusagen habe ich
bekommen, auch ca 5 Absagen. Einige
von Euch haben noch nicht geantwortet.
Ich gebe Euch die Treffpunkte - und -zeiten
bekannt:
Samstag, 16.9.1989 in Friedberg
O 10³⁰ Schule, Tag der Offenen Tür
         u. Ausstellung
O 12³⁰ Goldenes Faß, Haagstr. 43/45
         Tel 06031 - 5059
O 15³⁰ Stadtcafé, Haagstr. 7, Tel   5818
O 18³⁰ 1. Friedberger Brauhaus, Kaiserstr. 37/39
         Tel 62112   , Empore
Ob einige von uns abends zum Ball
gehen möchten, vermag ich nicht zu beurteilen. Tel. für evtl. Vorbestellungen
91629. In den Lokalen habe ich uns an-
gemeldet. Wenn Ihr mir noch rechtzeitig
mitteilen würdet, wann Ihr kommt (mit
oder ohne Anhang) wäre das für die
Tischreservierung von Vortg. l. Horst Well-
heimer kommt nur nachmittags.
      Es grüßt Euch Euer Ernst

107

Tag der offenen Tür: Mal wieder Schulluft schnuppern.

In Goldenen Fass: Elfriede, Wilfried, Reinhard, Axel

Gunter, Veronika, Helmut, Anita

Siegbert, Ernst, Artur

Anwesend: 27.2.1999 Friedberg Abitur 195

1) Richter, Manfred, K.-Adenauer-Str. 8, 61273 Wehrheim, Tel. 06081/141A8

2) Wäbr, Heinz, Manweinstr. 7B, 3564 Aßlar, Tel. 06441/8145S

3) Schneider, Reinhard 35410 Hunger-Obb, Auf d. Bernd. 14

22) Hess, Theo, Pfingstbrunnenstr. 16a, 61100 Friedberg-Ockstadt [Tel 06036/2906

4) Kistos, Günther, 63322 Rödermark, Wilhelmstr. 35k

5) Köstler, Ernst 35619 Braunfels 06074/98233
Königsberger Str. 23
06442-4614

6) Pausch, Rolf Kreisstr. 4 57429 Bergisch Gladbach

7/ Schütz, Helmut Blauen Str. 12 76275 Ettlingen
+ Schütz, Helga "

8. Boß, Walter, Walltorstr. 8. 35390 Giessen

9. C. Dietrich (Dieter) Grumpe, Sommerrainstr. 77. 60322 Frankfurt

10. Dittrich, Dr. Willi, Falkenbfr. 52, 46282 Dorsten

11. Dieter Schmidt, Falken straße 24, 35576 Wetzlar
06441-46753

12. Siegbert Brühne, Rüdigerl. 62, 53179 Bonn

13. Henner Rößner, Höhenweg 9, 61184 Karben

14. Edgar Hoffmann, Kaiserstr. 56 55116 Mainz

15. Hans Rainer Holle, Römerstr. 26b, 61352 Bad Homburg Tel. 06131/234679

16. Wilfried Seipp, Mellenbergstraße 11 Tel + Fax 06172/450065

36304 Alsfeld 06631 Tel. 72520 Fax 72559

17. Ortwin Momberger, Fasanenweg 46, 90542 Eckental Tel. 09126/8501

18. Waltraud Rubli, Trauben weg 11, CH 8700 Küsnacht Fax 14849

19. Maria Blumenthal, Neue Pr. 9, 61181 Rodheim vdH Tel 06007/2383 Tel dort 912131

20. Ursula Sommer, Hainstr. 6, 35447 Reiskirchen 06401/6491

21. Horst + Anita Wolfheimer, Butzbacher Pfad 22a 61191 Rosbach 06003-3482

22 Axel Schönfeld, Tambacher Str. 146 12249 Berlin 030/7751465

110

Siebtes Klassentreffen 1999

Ernst Köstler
Königsberger Str. 23
35619 Braunfels
Tel. 06442/4614
(Fax möglich: 06441/ 9 2 1 2 3 5

Liebe Klassenkameraden!   Braunfels, 10.02.1999

Der Termin 27.2.1999 rückt näher. Eine erfreulich hohe Zahl von uns hat zugesagt. Hier
gleich die Namen: Walter Boß, Artur Momberger, Theo Hess, Dieter Schmidt, Horst
Wolfheimer, Manfred Richter, Siegbert Brückner, Wilfried Seipp, Reinhard Schneider, Ernst
Köstler, Edgar Hoffmann, Axel Schönfeld, Hans Schäfer , Ursula Sommer(Kreis), Hans-
Rainer Holle, Rolf Pausch, Dieter Grumpe, Maria Blumenthal(Maier), Willi Dittrich, Helmut
Schütz, Henner Rößner, Waltraud Rubli (Lindemeier)
Abgesagt haben: Wolfgang Widemann, Rolf Howe, Werner Eigler , Werner Arnoldi.
Keine Nachricht habe ich von: Gunther Lindenthal, Günter Kisters, Horst Garbe, Arno
Reuning, Manfred Wolf.
Etwa die Hälfte von Euch bringt die Partnerin/den Partner mit. Ich habe einen größeren Raum
bestellt. Ihr könnt also noch werben. Wer ein Zimmer braucht, bestellt es direkt im Goldnen
Faß.
Mehrere kommen schon zu Mittag bzw. am Nachmittag. Als Treffmöglichkeiten schlage ich
vor: Burgeingang 12.00-12.30 Uhr und 15.00-15.30 Uhr. Wir entscheiden dann, ob wir
Hunger haben oder nicht. Es gibt ja im Notfall warme Fleischwurst beim Metzger Hahn.
Für den Abend habe ich kein besonderes Programm vorgesehen. Ich nehme an, wir sind uns
selbst Progamm genug.

Bis bald

Euer Ernst

HOTEL -RESTAURANT - METZGEREI
"Goldnes Faß"
BETRIEBS UND FAMILIENFEIERN ALLER ART
RÄUMLICHKEITEN VON 10 - 120 PERSONEN
MENUES UND SCHLEMMERBUFFETS
AUSGEZEICHNET MIT DEM UMWELTPREIS DES HESS.DEHOGA
ES FREUT SICH AUF IHREN BESUCH - FAMILIE KOCH

111

Vor dem Goldenen Fass

Wiedersehen im Goldenen Fass

Ernst bei seiner Begrüßungsrede

Edgar. Franziska, Monika

Artur, Elfriede, Wilfried, Doris

Rolf, Dieter, Hans Reiner, Gabriele

Dieter, Henner, Edgar

Kathis Mahnung

Gruppenbild im Goldenen Fass

Gruppenbild im Burggarten

116

Ursula, Maria, Waltraud

Anita, Horst, Reinhard

In Theos Garten

Hoch die Tassen bei Theo: Kathi, Waltraud, Ernst, Doris

Achtes Klassentreffen 2004

Ernst Köstler
Königsberger Str. 23
35619 Braunfels
Tel.: 06442-4614
Handy: 0177-3253001
e-mail: ernst.koestler@gmx.de

Ihr Lieben,   Braunfels, 8. März 2004

nachdem nun eure Anmeldungen eingegangen sind, möchte ich euch nähere Einzelheiten für unser Treffen am 24.4.2004 mitteilen. Von einigen erwarte ich noch eine Zu- bzw. Absage. Von den Lehrern wird niemand kommen. Herr Allendörfer ist verstorben, Herr Stockh sehr schwer krank, Herr Dr. Kanz durch seine Goldene Hochzeit verhindert. Er wäre sehr, sehr gerne gekommen. Erwarten können wir, mehrere mit Partner bzw. Partnerin: Hans Schäfer, Siegbert Brückner?, Artur Momberger, Reinhard Schneider, Ernst Köstler, Axel Schönfeld, Helmut Schütz, Rolf Pausch, Wilfried Seipp, Horst Wolfheimer, Hans-Rainer Holle, Ursula Sommer, Walter Boß, Wolfgang Widemann, Manfred Richter(14.00 Uhr), Theo Hess und Maria Blumenthal(18.00 Uhr), Manfred Wolf?(18.00Uhr), Dieter Grumpe(10.00 Uhr?). Definitiv abgesagt haben: Willi, Edgar, Werner A., Gunther. Eure angegebenen Zeiten können sich nach dem vorgesehenen Programm noch verändern. Vielleicht auch zu einem Treffen von einigen am Vormittag. Bei Bedarf melden!

Treffpunkte: **13.00 Uhr**   *Bad Nauheim Sprudelhof*, vor Badehaus 3, Führung durch die Jugendstilanlagen, Parkplatz im Parkhaus bzw. an der Straße, 15 Teilnehmer sollten es schon sein, dann 6 Euro pro Person, bitte pünktlich!

14.45 bis etwa 16.00 Uhr *Cafe Bienenkorb, Bad Nauheim,*
Hauptstr. 3, Ecke Parkstr. Tel. 06032-2179, reservierter Raum

16.30 Uhr   *Friedberg, Burg*, Spaziergang durch Friedberg
18.00 Uhr   *Friedberg , Goldnes Fass*, Haagstr. 43-47,
Tel. 06031-16880, Parkplätze vorhanden,
Übernachtungsmöglichkeit

Um die Übernachtungsmöglichkeiten kümmert sich jeder selbst. Vielleicht ergibt sich am Sonntagvormittag noch Gelegenheit zu einem Treffen im kleinen Kreis.

Wenn sich bei euch was am Kommen oder an der Zeit ändert, bitte ich um Mitteilung.
Es grüßt euch herzlich und freut sich auf ein Wiedersehen

119

Führung durch den Bad Nauheimer Jugendstil

In den Kuranlagen

Prof. Dr. Kanz zu Besuch

Die feierliche Ansprache des Gastes

Düsteres Gruppenbild

Reinhard, Artur

Elfriede, Doris

Wilfried, Horst

Helmut, Wolfgang

Monika, Siegbert

Maria, Helga

Doris, Editha, Manfred

Klassentreffen, Abiturjahrgang 1959 am 24.4.2004

Manfred Richter, K.-Adenauer-Str. 8, 61273 Wehrheim, Tel.: 06081-14118
georg.richter@peiker.de
Henner Rössner, Höhenweg 9, 61184 Karben, Tel.: 06039-7898
Arno Reuning, Ursemer Str. 53, 61440 Oberursel, 61171-581487
Reinhard Schneider, Auf der Beunde 14, 35410 Hungen-Obbornhofen, Tel.:
06036-2906
KarinObbornhofen@aol.com
Dietrich Berndt, Zum Steinbügel 10, 63679 Schotten, Tel.: 06044-1764
Walter Boß, Walltorstr. 8, 35390 Gießen, Tel.: 0641-389350
Walter.Boss@web.de
C. Dietrich Grumpe, Sömmerringstr. 27, 60322 Frankfurt, Tel/Fax: 069-598394
Ernst Köstler, Königsberger Str. 23, 35619 Braunfels, Tel.: 06442-4614
ernst.koestler@gmx.de
Artur Momberger, Fasanenweg 46, 90542 Eckental
Artur.Momberger@t-online.de
Wilfried Seipp, Mellenbergstr. 11, 36304 Alsfeld, Tel.: 06631-72520, Fax: 72559
neu: Weiherstr. 26,   Ruhlkirchen
Horst Wolfheimer, Finkenweg 33, 36272 Niederaula, Tel.: 06625-343930
horst.wolfheimer@web.de
Siegbert Brückner, Thüringer Str. 3, 53175 Bonn, Tel.: 0228-9348755
mbbbn@t-online.de
Helmut Schütz, Blauenstr. 12, 76275 Ettlingen, Tel.: 07243-949146
hgs@hgskunst.de
Theo Hess, Pfingstbrunnenstr. 16a, 61169 Friedberg-Ockstadt, Tel.: 06031-4741
Wolfgang Widemann, Weinstraße Süd 62, 67487 Maikammer, Tel.: 06321-
575455
wolfwidemann@aol.com
Dr. Axel Schönfeld, Tambacher Str. 14b, 12249 Berlin, Tel/Fax: 030-7751465
SCHOENFELD.AXEL@GMX.DE
Hans Schäfer, Marienstr. 7b, 35614 Aßlar, Tel.: 06441-81455
dhschaefer@gmx.de
Maria Blumenthal, Neue Str. 9, 61191 Rodheim vdH, Tel.: 06007-2383
Dr. Heinrich Kanz, Adolfstr. 157, 56112 Lahnstein   02621 - 2480

Rolf Pausch, Kleiststr, 4, 51429 Berg.-Gladb
Dr. Willi Dittrich Falkenstr.52 46282 Dorsten
Dieter Schmidt, Falkenstr.24 35576 Wetzlar
Edgar Hofmann   06441-46753

Hans-Rainer Holle, Römerstr.26 b
Tel/Fax 06172-450065/613752 Bad Homburg
Ursula Sommer, Hartusstr,6 35447 Reiskirchen
06401 16480

126

Neuntes Klassentreffen 2009

Ernst Köstler   Braunfels, 12.3.2009

Königsberger Str. 23

35619 Braunfels

Tel. 06442-4614

Mail:

Hallo, Ihr Lieben,

das Klassentreffen rückt näher. Ich habe inzwischen 31 Anmeldungen erhalten (einschließlich Partner):namentlich Artur, Helmut, Axel, Edgar, Reinhard, Walter, Manfred, Gunther, Hans, Wilfried, Theo, Wolfgang, Horst, Hans-Rainer, Dieter G., Dieter Schm., Maria, Renate, Rolf, Arno, Henner, Ernst

Einige von Euch werden nur am Samstag dabei sein. Ich habe für Samstagnachmittag inzwischen abgesprochen:

12.30 Uhr Mittagessen im China-Restaurant

14.00 Burgführung; ca 15.15.Uhr kurze Meditation und Gedenken in der Burgkirche mit Edgar; anschließend Gelegenheit für Adolfsturm oder Judenbad

Ca 16.00 Uhr Kaffeetrinken im Friedberger Cafe

Ca 17.30 Uhr Abfahrt zum Schloss Ysenburg

Ab ca 18.00 Uhr Zusammensein im Schloss Ysenbug

Die Führung am Sonntag plane ich erst genauer vor Ostern. Leider kenne ich von einigen nicht die Zeit der Ankunft bzw. Abreise, so dass ich bei den Reservierungen etwas im Dunkeln tappe.

Abgesagt haben: Dr. Kanz, Ursula Sommer, Werner Arnoldi, Waltraud Rubli; einige haben noch nicht geantwortet. Vielleicht könnt Ihr noch jemand mobilisieren. Das Hotel ist ausgebucht. Ich kann aber eine Pension in der Nähe vermitteln, so dass wir gemeinsam frühstücken können.

Es grüßt Euch

Ernst

Von:	"Edgar Hoffmann" <ed_hoffmann@t-online.de>
An:	<ernst.koestler@gmx.de>
Gesendet:	Mittwoch, 1. April 2009 10:42
Betreff:	Andacht am 25.4.09 in der Burgkirche/Friedberg - 50 Jahre Abitur

Lieber Ernst,
folgenden Vorschlag für unsere etwa zehnminütige Andacht mache ich: 1. Kurze Begrüßung; 2. Lied (Gotteslob 671/EG 447,1-
4.7,:"Lobet den Herren ..."); 3. Psalm 103, 1-12 (nach der Einheitsübersetzung) im Wechsel - der Vorbeter beginnt;
4.kurze Ansprache zu Psalm 118,24 (nach Luther):"Dies ist der Tag, den der Herr macht";
5.Fürbitten (u.a. für Gestorbene und noch Lebende)
6.gemeinsames "Vater unser ...");
7.Segen
Darf ich Dich bitten, den Psalm 103 mit uns(und Dir als Vorbeter)zu sprechen? Willst Du einige Fürbitten für Verstorbene
mit Namen-Nennung übernehmen? - Ich bringe ein Lied- und Gebetsblatt mit.
Herzliche Grüße, auch an Deine Frau, und frohe Ostern. Edgar

Gruppenbild vor der Burgkirche nach Edgars Predigt

Kreisstadt Friedberg (Hessen)

Amt für soziale und kulturelle Dienste und Einrichtungen

Dienstgebäude / Paketanschrift:	Mainzer-Tor-Anlage 6 / 61169 Friedberg (Hessen)
Auskunft erteilt:	Frau Cornelia Gewehr
Zimmer:	2
Telefon:	06031 / 88 - 352
Fax:	06031 / 88 - 280
Vermittlung:	06031 / 88 - 1
Fax / Bürgerbüro:	06031 / 88 - 320
Besuchszeiten:	Mo. – Do. 08:00 – 12:30 Uhr
	Dienstag 16:00 – 18:00 Uhr
	Freitag 08:00 – 12:00 Uhr
Bürgerbüro zusätzlich:	Dienstag 08:00 – 18:00 Uhr
	Donnerstag 08:00 – 16:00 Uhr
Homepage:	www.Friedberg-Hessen.de

E-Mail: Cornelia.Gewehr@Friedberg-Hessen.de

Kreisstadt Friedberg (Hessen) - Der Magistrat - Postfach 100984 – 61149 Friedberg (Hessen)

Herrn
Ernst Köstler
Königsberger Str. 23
35619 Braunfels

Ihre Nachricht vom, Ihr Zeichen	Unser Zeichen (bitte bei Antwort angeben) 40/01 Ge	Datum 07.04.2009

STADTFÜHRUNG

Sehr geehrter Herr Köstler,

wir danken für Ihre Anfrage und bestätigen hiermit sehr gerne Ihre Führung wie folgt:

Art:	Stadtführung (Burg und Burgkirche)
Termin:	Samstag, d. 25.04. 2009
Dauer:	1 ½ Stunden
Uhrzeit:	14.00 Uhr
Treffpunkt:	vor dem Burgtor
Personenzahl:	ca. 20 Erwachsene
Stadtführer/in:	Herr Hans Wolf, Tel. 06031/ 3965

Preis:	Pauschal 31,50 € pro Führer/in, zzgl. **1,00 €** Eintritt je besuchte **Einrichtung** für Erwachsene.
Abrechnung:	bar bei dem/der Stadtführer/in. Wir bitten darum, die Eintrittsgelder vorzubereiten und mit dem Honorar zu überreichen.

Bedingung: Im Falle einer Verspätung der Gruppe sind die Stadtführer/innen nicht verpflichtet, die versäumte Zeit nachzuholen. Stornierungen bis zu 7 Werktagen vor Beginn der Führung sind kostenfrei. Danach wird eine Stornierungsgebühr von 50% des vereinbarten Preises erhoben. Erfolgt keine Absage oder erst am Tag der Führung wird der volle Preis in Rechnung gestellt.

Mit freundlichen Grüßen
i. A.

(Gewehr)
Kopie: Hans Wolf zur Kenntnis, Tel. Hr. Köstler, 06442/ 46 14

Friedbergs Partnerstädte sind
Bishop's Stortford, Villiers-sur-Marne, Magreglio

Bankverbindungen	BLZ	Konto
● Sparkasse Oberhessen	518 500 79	51 000 060
● Volksbank Mittelhessen	513 900 00	840 540 03
● Postbank Frankfurt / Main	500 100 60	12 060 601

USt.-Id-Nr.: DE 112 591 486   St.-Nr.: 020 226 10269

Anm.: Stadtführer Hans Wolf ist der Sohn unseres früheren Direktors Dr. Wolf.

Heftige Diskussion im Café: Gunter und Theo

Karin, Margit, Maria

Walter, Dieter

Artur, Elfriede

Terrasse von Hotel Schloss Ysenburg: Gunther, Ernst, Wolfgang

Horst, Rolf, Anita

Doris, Hans

Ursula, Willi, Arno, Axel

Helga, Helmut, Anita

Wilfried, Doris, Siegbert

134

Zehntes Klassentreffen 2011

Das Treffen am 13. September stand ganz im Zeichen eines geführten Besuchs des Keltenwelt Museums am Glauberg.

Dieter Grumpe führte am Abend im Hotel Schloss Ysenburg das Modell eines *Atmosphärischen Gasmotors* vor, der mit Azetylen-Gas betrieben wird. Das Original war 1866 von Nicolaus August Otto gebaut, 1867 auf der Pariser Weltausstellung ausgestellt und mit der *Goldenen Medaille* ausgezeichnet worden.

Keltenwelt am Glauberg: Aufmerksame Zuhörer bei der Führung.

Arno, Siegbert

Der Keltenfürst vom Glauberg

Im Bistro: Siegbert, Helmut, Doris, Monika, Wolfgang, Hans

Gruppenbild vor dem Keltenmuseum

Auf dem Gelände der Fürstengräber

138

Gruppenbild auf dem Hof vom Hotel Schloss Ysenburg

Dieter führt das Modell eines Atmosphärischen Gasmotors vor.

Franziska, Dieter

Helga, Walter

Rolf, Edeltraud

Hannelore, Erhard

An der Frühstückstafel

An der Frühstückstafel

Elftes Klassentreffen 2014

Die Verantwortung für das Hauptprogramm am 24. April hatte Rolf Pausch übernommen. Nachdem er über die Geschichte des Kurbetriebs und der Anlagen in Bad Nauheim kenntnisreich referiert hatte, lud seine Frau Edeltraud zu einem Sektempfang ein. Danach führte Herr Thomas Müller, Mitarbeiter der Stiftung Sprudelhof, eine interessierte Gruppe durch die Bad Nauheimer Unterwelt und informierte über die komplexen technischen Systeme des einstmaligen Kurbetriebs sowie die Probleme, die bei der Restaurierung und Erhaltung technischen Anlagen entstehen.

Auf dem Johannisberg übernahm Ernst Köstler die Führung. In der gesicherten Ruine eines römischen Signalturms erfuhr man Wissenswertes über die Funktion und die Archäologie des Bauwerks. Von der ehemaligen Johanniskirche existieren nur noch die Grundmauern des Turms, über denen im 19. Jahrhundert ein Aussichtsturm errichtet wurde.

Im Rahmen des Abendprogramms im Hotel Schloss Ysenburg gab Helmut Schütz mit einer Bildschau einen Rückblick auf die Klassentreffen von 1964 bis 2011.

Anschließend führte Dieter Grumpe ein kurioses Stück Design- und Technikgeschichte vor. Das von ihm restaurierte Original eines *Heißluft-Ventilators* der Firma Jost aus dem Jahre 1910 diente hauptsächlich in Indien der Raumbelüftung. Bei der Vorführung hatte Dieter das Gerät mit einer Spiritusflamme betrieben.

Bad Nauheim: Rolf Pausch informiert über die Kuranlagen.

Sektempfang bei Edeltraud und Rolf

In den historischen Katakomben der Kurstadt

Thomas Müller, Mitarbeiter der Stiftung Sprudelhof

Gruppenbild im Sprudelhof

Gruppenbild auf dem Johannisberg

Ernst informiert über die Ruine des römischen Signalturms.

Auf der Terrasse von Hotel Schloss Ysenburg

Im Restaurant des Hotels Schloss Ysenburg

Bildschau: Rückblick auf die Klassentreffen 1964 – 2011

Museumsstück: Ein mit Heißluftmotor angetriebener Ventilator

An der Frühstückstafel

Anwesende Klassentreffen 25./26.4.2014 in Bad Nauheim und Schloss Ysenburg

✓ Walter Boß und Helga

✓ C. Dieter Grumpe

✓ Edgar Hoffmann

✓ Ernst Köstler und Margit

✓ Artur Momberger und Elfriede

✓ Rolf Pausch und Edeltraud

✓ Arno Reuning

✓ Dieter Schmidt und Franziska

✓ Reinhard Schneider und Karin

✓ Helmut Schütz und Irmgard

✓ Wilfried Seipp und Doris

✓ Wolfgang Widemann

✓ Horst Wolfheimer

Erhard Lerch und Hannelore (nur Bad Nauheim)

Maria Blumenthal

Hans Rainer Holle

✓ Manfred Richter

Hans Schäfer und Doris

Zwölftes Klassentreffen 2015

Ernst Köstler   Braunfels, 25.4.2015

Königsberger Str. 23

35619 Braunfels

Tel.: 06442-4614

Mail: ernst.koestler@gmx.de

Herzliche Einladung

Liebe ehemaligen „Friedberger" mit Euren Partnerinnen und Partnern!

Ich habe Euch ja schon zweimal über den Termin informiert, möchte es aber noch einmal tun mit einer etwas ansprechenderen Einladung.

Termin: **Freitag, 11.September und Samstag, 12.September 2015**

Orte: **Freitagnachmittag: Friedberg; Freitagabend und Samstag: Staden, Schloss Ysenburg**

Vorschlag

Freitag: 14.00 Uhr Treffen in Friedberg, Burg; Spaziergang Burg, Burggarten, Kaiserstraße

                      16.00 Uhr Kaffeetrinken in einem Friedberger Kaffee

                      17.30 Uhr Fahrt nach Staden, Zusammensein auf der Terrasse

                      18.30 Uhr Abendessen und anschließend Erinnerungsabend

Samstag: Gemeinsames Frühstücken und Abreise

Für den Nachmittag habe ich kein besonderes Programm vorgeschlagen, damit genügend Zeit zu persönlichen Gesprächen bleibt. Für den Abend planen Helmut und ich etwa 2-3 Stunden ein für die Bildershow über die Schulzeit und das Vorstellen der „Klassenmemoiren" in Buchform. Einzelne Geschichten werden dazu vorgelesen. Danach kann in dem Buch geblättert werden, und die individuellen Erlebnisse können weiter besprochen werden.

Wenn es gewünscht wird, kann ich gern wieder ein Lokal ausfindig machen für das Mittagessen.

Meldet Euch selbst an: Schloss Ysenburg, Parkstr. 20, 61197 Florstadt/Staden, Tel.: 06035-96760, Fax: 06035-967629; Mail: info@schloss-ysenburg.de. Bei Überbuchung gibt es Zimmer in der Nähe.

Sagt auch mir Bescheid über Euer Kommen oder Nichtkommen wegen der weiteren Planung. Erste Anmeldungen sind schon eingegangen.

Ich freue mich auf das Wiedersehen. Gleichzeitig möchte ich noch einmal an die einzigartige Möglichkeit erinnern, sich in dem „Klassenbuch" wiederzufinden. Helmut hat noch etwas Platz gelassen.

Es grüßt Ernst

Eintreffen auf dem Schulhof

Gruppenbild vor dem Hauptgebäude

Bellevue im Burggarten

Im Café Kissler

Heiterkeit auf der Terrasse des Hotels Schloss Ysenburg

Wolfgang, Homa, Irmgard

Hans, Horst, Doris

Franziska, Dieter, Hannelore

155

Restaurant des Hotels Schloss Ysenburg

Monika, Siegbert, Maria, Axel

Hans, Doris, Margit, Ernst

An der Frühstückstafel

157

Gespräche an der Frühstückstafel

Gespräche an der Frühstückstafel

Dreizehntes Klassentreffen 2017

Am 23. Juni wollten die alten Schulfreunde nicht wie so oft bei
früheren Treffen inkognito über den Schulhof des Burggymnasiums schlendern. Man hatte Kontakt mit der Schulleitung aufgenommen, und der Stellvertretende Schulleiter, Herr Edinger, hatte
sich freundlicherweise bereiterklärt, die Gruppe durch einzelne
Gebäude der Schule zu führen und sie über die Strukturen und das
Schulprofil des Oberstufengymnasiums zu informieren, das 1974
aus dem ehemaligen Aufbaugymnasium und der Schillerschule
hervorgegangen war.

Die Präsentation der zweiten, verbesserten und erweiterten
Auflage des Friedberger Klassenbuches wurde im Hotel Schloss
Ysenburg auf unterhaltsame Weise inszeniert. Umrahmt von mu-
sikalischen Zwischenspielen, die Horst Wolfheimer auf seinem
Akkordeon vortrug, lasen einzelne Autoren neue Schulgeschich-
ten aus der alten Friedberger Zeit vor.

Warten vor dem Verwaltungsbau des Burggymnasiums

Informationen über die Schule durch Herrn Edinger in der Aula

160

Ausgrabung eines römischen Bades unter der Aula

Im Klassenzimmer der damaligen Quarta (1952/53)

Gruppenbild im Burggarten

Auf der Terrasse des Hotels Schloss Ysenburg

Wilfried, Rolf, Manfred, Editha

Helmut, Maria, Manfred

Anita, Horst

Restaurant des Hotels Schloss Ysenburg

Margit, Maria

Wilfried, Manfred, Editha

Präsentation der 2. Auflage des Friedberger Klassenbuchs

Vortrag von Schulgeschichten mit musikalischen Einlagen

Vierzehntes Klassentreffen 2018

Als Hauptprogramm unseres Treffens am 25. April war eine Führung durch das neue Friedberger Kulturzentrum und Theater vorgesehen, das in dem imposanten Jugendstilbau des alten Hallenbades entsteht, dasjenige Gebäude, in dem wir während unserer gesamten Schulzeit unter Anleitung unseres Sportlehrers Friedrich Amtmann Brustschwimmen, Rückenschwimmen, Kraulen und Sprünge trainiert hatten. – Herr Ulrich Lang, Sprecher der *Gesellschaft der Freunde Theater Altes Hallenbad*, begleitete uns durch die wichtigsten Teile des Hauses und erläuterte uns die Probleme des Umbaus und der Finanzierung. Trotz des laufenden Umbaus hatte das Programm bereits 2013 gestartet mit einer Mischung aus Theater, Musik, Kindertheater und Kleinkunst. Kabarett sowie jährlich eine Oper sollen noch hinzukommen. – Der 1.500 Mitglieder zählende Trägerverein arbeitet ehrenamtlich. Der Etat des Kulturhauses ist mit 15.000 Euro von der Stadt und 10.000 Euro vom Land äußerst bescheiden. Der Verein hat das Hallenbad für 66 Jahre gepachtet und veranschlagt den gesamten Umbau auf 4 Millionen Euro, wobei 1,48 Millionen vom Bund kommen, unter der Voraussetzung, dass die Stadt 1,81 Millionen beisteuert. Da die Stadt mit einer derartigen Summe überfordert wäre, hat der Verein über Spenden, Fördermittel und Sponsorengelder schon die Hälfte der bisherigen Sanierungskosten eingeworben. 2019 waren bereits 3 Millionen Euro verbaut. Bis Jahresende sollen im Innenausbau noch ein Foyer und eine Bar entstehen. 2020 ist der Einbau originalgetreuer Fenster anstelle von Glasbausteinflächen geplant.

Am Abend im Hotel Schloss Ysenburg führte Dieter Grumpe einen Film vor, in dem er Entwicklung und Konzeption seines privaten Maschinenmuseums erläuterte.

Besichtigung des ehemaligen Friedberger Hallenbades

Ulrich Lang referiert auf der Hochterrasse des Jugendstilbaus.

Erläuterungen zur Umwidmung zu einem Kulturzentrum

Im früheren Schwimmbecken

Im Café Kissler

Im Café Kissler

Dieter, Henner, Kristin, Manfred, Editha

Dieter, Henner, Kristin

Auf der Terrasse des Hotels Schloss Ysenburg

Wilfried, Elfriede, Dieter, Ernst, Reinhard

Dieter erläutert den Film über sein Maschinenmuseum

Diskussionsgrüppchen zu später Stunde

Frühstück auf der Terrasse

Gruppenbild am Mühlbach

Feierstunde im Burggymnasium Friedberg am 23.5.2019

Wir wurden mit einem Sektempfang begrüßt. Die Bigband des Burggymnasiums spielte unter der Leitung des Musiklehrers Hans Eckhardt den Jazztitel *Moanin* aus der Zeit unseres Abiturs.

Anschließend begrüßte uns der derzeitige Schulleiter Oberstudiendirektor Ingo Baumgarten. Er hob besonders unseren langjährigen Zusammenhalt nach inzwischen fünfzehn Treffen hervor. Danach schilderte er die derzeitige Situation des Burggymnasiums als reine Oberstufenschule unter dem Motto: *Eine moderne Schule in alten Gemäuern.* Modern seien nicht nur viele neue Gebäude und Einrichtungen, modern seien auch die Unterrichtsdidaktik und Lernmethoden. Integration und eine Erziehung der Jugendlichen für eine offene Gesellschaft seien gefordert – gerade in der derzeitigen weltpolitischen unübersichtlichen Lage kurz vor der Europawahl.

Im Anschluss folgte der nächste Beitrag der Bigband mit der Musik und dem Lied *Fever*, ebenfalls aus den 1950er Jahren. Ob man uns an die Schmetterlingsgefühle der Jugendzeit und besonders an Elvis erinnern wollte? Hier die ersten Zeilen, vorgetragen von einer Schülerin:

Never know how much I love you
Never know how much I care
When you put *your arms around me*
I get a fever that's so hard to bear
You give me fever when you kiss me.

Mit Beifall und einer Spende bedankten wir uns bei der Bigband für die gelungenen und passenden musikalischen Beiträge. Im Anschluss skizzierte Ernst Köstler kurz unseren Weg zu dieser Feier zum 60jährigen Abitur. Es ist unser fünfzehntes Treffen. Unsere Gedanken gingen an diejenigen von uns, die schon verstorben sind oder aus Krankheitsgründen bzw. sonstigen Gründen nicht anwesend sein können. Erfreulich, dass viele Partnerinnen unserer Einladung gefolgt waren.

Im Gegensatz zur derzeitigen Oberstufenschule führte die Aufbauschule, das spätere Aufbaugymnasium, in 7 Jahren zum Abitur. Wir traten nach dem 6., 7. oder 8. Volksschuljahr unsere gymnasiale Schullaufbahn an. Ein Großteil von uns wohnte im angeschlossenen Internat.

Als Dank für die Ausrichtung der Feier überreichte Ernst dem Schulleiter eine Geldspende an die Schule, verbunden mit einer Kopie der ersten Seite unseres REMINISCENCENBLÄTTLEIN DER OI A. D. 1959. Herr Baumgarten versprach, das Geld zum Wohle der Schüler zu verwenden. Gleichzeitig erläuterte er, weshalb derzeit nur wenige Schüler in der Schule seien: Die Klasse 13 ist in den Abiturvorbereitungen, die Klasse 11 in Praktika zur Berufsorientierung.

Es folgte der ausführliche Vortrag von Helmut Schütz über die Errichtung von Aufbauschulen 1922, gedacht als Schule für die Kinder aus ländlichen Gebieten. Er berichtete über den Stand der Pädagogik während der Jahre unseres Schulbesuchs. Einige Rahmenbedingungen seien genannt: Nachwirkungen des Zweiten Weltkrieges und der Naziherrschaft waren zu spüren. Die Adenauer-Ära setzte Akzente. Der Kalte Krieg bestimmte das tägliche Leben. Die Fluchtbewegung aus der DDR betraf auch die Aufbauschule. Es besuchten deshalb nicht nur Schüler und Schülerinnen aus verkehrsarmen ländlichen Gegenden die Schule. Die Pädagogik war nicht von einem besonderen Verständnis für die Schüler geprägt. Die Ansätze der Reformpädagogik Anfang des 20. Jahrhunderts waren zum Stillstand gekommen. Nur wenige Schüler schafften es von der Quarta bis zum Abitur. Der überwiegende Teil der Lehrerschaft hatte seine Ausbildung in der Vorkriegszeit absolviert und war noch immer geprägt durch den Kriegseinsatz. Kopfnüsse gehörten zum Repertoire. Die Disziplin hatte Priorität.

Trotzdem waren wir von einer demokratischen Entwicklung überzeugt. Streiche und ein phantasievolles Umgehen mit Geboten
und Verboten trugen zur Befreiung bei. Einflüsse aus der amerikanischen Popkultur wurden bereitwillig aufgenommen.

Nach dem Vortrag folgte das Kaffeetrinken mit reichlich Kaffee und Kuchen. Es hat ausgezeichnet geschmeckt. Dafür herzlichen Dank an das Bistropersonal. Wir bedanken uns auch bei dem
stellvertretenden Schulleiter Studiendirektor Edinger, der die Feier vorbereitet und organisiert hatte und ebenso bei den anwesenden Kolleginnen und Kollegen des Burggymnasiums.

Und zum Abschluss wurde ein Gruppenfoto auf der Ein-
gangstreppe aufgenommen, einmal mit Schulleitung, einmal ohne
– unter dem Spruch von Vergil *Discite iustitiam moniti et non
temnere divos.*

Eine gelungene Feier!

Ernst Köstler

Fünfzehntes Klassentreffen 2019

Die Ansprache von Herrn Baumann

Die Bigband des Burggymnasiums

Gedankenaustausch unter Pädagogen

Herzlicher Dank an die Leiterin des Bistro-Cafés des Burggymnasiums

Kaffeeplausch

Kaffeeplausch

Gruppenbild mit den Schulleitern

Die Jubilare mit Begleitung

Hotel Schloss Ysenburg: Maria, Ernst, Artur, Dieter

Editha, Manfred, Horst

Wilfried, Siegbert

Käthe, Manfred

In Erwartung des Abendessens: Jutta, Axel

Frühstücksgespräche vor dem Abschied

185

Auch bei den folgenden Klassentreffen …

… sehen wir uns an den vertrauten Orten Friedberg und Staden.

Alte Mahnung

Das Hauptgebäude des Burggymnasiums, zu unserer Zeit noch Aufbaugymnasium, mutet wie ein nüchterner Zweckbau an, der durch ein prächtiges Portal mit gesprengtem Giebel geschmückt ist. Der Bau von 1512 wurde zwischen 1704 und 1707 im barocken Stil *modernisiert*. Über den Wappenschildern, welche auf die Burgherrschaft verweisen, steht die Allegorie der Gerechtigkeit, denn im Kanzleigebäude wurde auch Gericht gehalten. Ein Vers von Vergil auf dem Schild unter den Wappen ermahnte die Bediensteten der Kanzlei, Gerechtigkeit zu üben und die Götter nicht zu verachten: *Discite iustitiam moniti et non temnere divos.* – Bezüglich der Aussprache erinnert sich Arno Reuning an Dr. Ruppel: *Das moniti et non ... wird im Sinne des Hexameters zu »monitet« zusammengezogen.*

Dank

Das Redaktions-Duo wäre aus eigener Kraft niemals in der Lage gewesen, all das zusammenzutragen, was schließlich diese Festschrift ausmacht. Alle Schulfreundinnen und Schulfreunde haben mit ihren Biografien in dem Buch ein personales Zentrum geschaffen und sich zu der alten Freundesgruppe bekannt. Darüber hinaus sollen diejenigen dankend erwähnt werden, die als Kommunikatoren in Telefonaten, E-Mails und Briefen motivierend gewirkt haben und so zum Gelingen des gesamten Unternehmens wesentlich beigetragen haben: Maria Blumenthal, Dieter Grumpe, Artur Momberger und Axel Schönfeld. Schließlich gebührt zwei Frauen besonderer Dank, die sich der Mühe unterzogen haben, die Korrekturen zu lesen: Margit Köstler und Irmgard Kunert-Schütz.

Ernst Köstler und Helmut G. Schütz

Aufbauschule, um 1954